NF文庫
ノンフィクション

父、坂井三郎

「大空のサムライ」が娘に遺した生き方

坂井スマート道子

潮書房光人新社

はじめに

「大空のサムライ」と呼ばれた父、坂井三郎が八十四歳で突然逝ってから、今年で十三回忌を迎えます。「サムライ」の娘である私は、父から何を学んできたのか、父が魂を込めて懸命に教えようとしてくれたことは一体、何だったのか、今もそればかり考えています。

戦後、妻を病気で亡くした父は、母と再婚しました。そして生まれたのが私です。父と最初の妻との間に子どもはなく、坂井三郎の血を引いたのは、私だけでした。そんな私に、父は「サムライ」の娘としての心構えと、生死を分けた体験から見出した父独自の「哲学」を注ぎ込んでくれました。

佐賀鍋島藩の家中の血筋に生まれた父は、貧しい農家の子として少年時代を過ごしながらも、「士族」の心構えを祖母から厳しく叩き込まれたそうです。昭和八年、十六歳で日本帝国海軍に志願入隊し、昭和十二年から航空部隊に所属。中国大陸や南太平洋方面で軍務に就きました。昭和十七年、ガダルカナルで出撃中、頭部に被弾しながらも、奇跡の生還を果たすことになります。前線を退き、内地で療養を兼ね、後輩パイロットの指導育成や各種の実験飛行に携わっていましたが、昭和十九年六月、小笠原諸島硫黄島での日米攻防戦において前線に復帰しました。

終戦後は、昭和二十五年頃から、戦時中に零戦パイロットとして記録しておいた軍務日誌を改めてまとめ直し、『坂井三郎空戦記録』として、私が生まれる以前の昭和二十八年十月に日本出版協同株式会社より出版しました。その後、同書をもとにしてアメリカで出版された『SAMURAI!』や、昭和四十二年に光人社から出版された『大空のサムライ』がミリオンセラーとなりました。「撃墜王」坂井三郎については、読者や熱心な零戦ファンの方々のほうが、娘である私より、ずっとよくご存じかもしれません。

零戦パイロットとして戦ってきた父の姿を、戦後生まれの私はもちろん見たことがありません。しかし、一緒に暮らす日常の中で、父が戦地で常に死と隣り合わせに生きてきたのだと感じざるを得ない場面を、何度も見ました。そして、「勝つことよりも、引き分けてもいいから生きろ」という父らしい考え方を教え込まれてきました。

父は、事あるごとに「前後、左右、上下に注意しろ」と繰り返していました。外に出れば、危険はどこから来るか分からない。まさに「常在戦場」です。上から何が落ちてくるか分からないというのは、パイロットらしい立体的なものの考え方ではないでしょうか。

歩いていて角を曲がる時でさえ、「内側を曲がらずに、大きく外回りをしろ」というのです。死角には、どんな危険が潜んでいるか分からないからです。そして、ひったくりや暴漢から身を守るために、爪でさえ武器になるのだから、伸ばしておけとも言われました。

身の回りの道具一つをとってみても、そうでした。

父の口癖は、「撃てないピストルはただの鉄くずだ。いつでも撃てるようにしておけ」。よく使う道具は、いつでもすぐに手に取れるように一つの箱にまとめ、手近な場所に置き、常に手入れを欠かしませんでした。それどころか、さらに使いやすくするため加工さえする徹底ぶりでした。

このように、風変わりにも見えた父の日常での言動は、戦時中、一軍人として、そしてパイロットとして、自己の能力の向上維持に常に努力していた父の心がけそのものだったのでしょう。それは、父が、零戦の狭いコクピットの中で戦闘に集中する時に、必要不可欠なことだったのです。ファンに尋ねられて「それは命がかかっていたからですよ」と応えていたのが、印象に残っています。

父の薫陶を受けて育った私は、アメリカ留学中に知り合ったテレンス・スマートというアメリカ人男性と結婚し、その後、アメリカで暮らしています。テレンスは独身時代に従軍経験があり、結婚後、生涯の職業として陸軍士官の道を選びました。

父のアメリカでの講演や報道会見などに、私は時間の許す限り同行し、通訳も兼ねて父の行動を多く見る機会を持ちました。「敵」であったアメリカ軍人との出会いの中で、父がどう振る舞ったか、何を思ったか、そんな「大空のサムライ」番外編にも立ち会いました。

実の娘であっても、坂井三郎の全てを理解しきれてはいません。しかし、父の真摯な祈り、そして坂井三郎という人間の気迫に満ちた魂が、私の言葉を通して読者の皆様に伝わることを、心から願っています。

平成二十四年七月

坂井スマート道子

父、坂井三郎——目次

第一章　サムライ・イン・アメリカ

第二章　地上に降りた「撃墜王」

道具の徹底管理

染みついたパイロットの感覚

危険回避の心構え

第三章　父の「武士道」

物事の本質を理解せよ

今、何がなされるべきか

第四章 坂井三郎が言いたかったこと

死を軽々しく考えるな

父、坂井三郎

「大空のサムライ」が娘に遺した生き方

第一章

サムライ・イン・アメリカ

かつての敵アメリカを知る

英語版から生まれた「撃墜王」

父の最初の著書『坂井三郎空戦記録』は、父の終戦までの軍務経験を綴ったもので、海軍に志願する経緯から、各戦線での交戦記、日本国内での後輩指導の様子などが書かれています。昭和二十八年に出版されたこの本は、父も意外に思うほど好評をいただき、当時のベストセラーにもなりました。そして、発売翌年の昭和二十九年、AP通信社に所属するフレッド・サイトウ氏から英語版を出版してみてはどうかという話が来ました。

英語版は、サイトウ氏が『空戦記録』を英訳し、当時の若手ライターで飛行機通のマーティン・ケイディン氏が著者となり、『SAMURAI!』というタイトルで、昭和三十二年に出版されました。

製作段階で、サイトウ氏から内容を脚色したいとの意向が出されました。より多くの読者をキャッチする目的とのことです。もとの『空戦記録』は事実だけをドライに書いているため、そのまま翻訳すると、軍や航空関係者の興味を引くことはできても、生活感覚が違うアメリカの一般読者を獲得しにくいという説明だったそうです。

父としては、『空戦記録』の基本的な内容が変わらなければいいという考えで、概ね了解の返事をしました。

父の撃墜数を六十四機に決めたのも、サイトウ氏とケイディン氏でした。「六十四機」という数字は、様々な資料を突き合わせながら、最終的にケイディン氏が採用した数字です。両氏は『SAMURAI!』の中で、父を「撃墜王」と呼びました。この数字と称号で、アメリカ人読者は「サブロー・サカイ」の名を心に焼きつけたのですから、両氏は読者をキャッチするセンスが高かったというわけです。

ちなみに、父は、自分の撃墜数をコメントしたことはありませんでした。父は帝国軍人ですから、撃墜は部隊全体の手柄であると考えていました。『大空のサムライ』等の記述を読めばお分かりいただけると思いますが、例えばガダルカナルでの戦果について、父はこう述べています。

「この日、私たち十七機の零戦隊は、敵機約七十七機と戦って、その三十六機を叩き落とした」

撃墜を、編隊の行動としてとらえているのです。

そもそも敵味方の銃弾が乱れ飛ぶ空戦の真っ只中で、自分の撃った弾が撃墜の有効弾であったかどうか、敵機が本当に墜落したかどうか、などを確定できるわけがありません。父はただ、自分がどう攻撃し、それに対して敵機がどうなったか、目視で確認できたことだけを書いたのです。

『ＳＡＭＵＲＡＩ！』の製作に関して、父は、『空戦記録』に具体的にどんな脚色がなされたかは説明されず、内容を確認することもできませんでした。後に『ＳＡＭＵＲＡＩ！』を取り寄せ、翻訳を読んで初めて、

『撃墜六十四機を誇るエース（撃墜王）、サブロー・サカイ』

といったキャッチフレーズがつけられたことを知った次第です。

ケイディン氏が独自に調べたアメリカ側資料の追加などは良しとして、空戦に冒険活劇調の演出が施されていたり、これには父もかなり驚いたようですが、ロマンチックな恋愛エピソードまでが追加されていたりしました。どうやらサイトウ氏とケイディン氏は、女性読者もかなり積極的にキャッチしようとなさったようです。

そういうわけで、父としてはいくらか納得いかない部分もある『ＳＡＭＵＲＡＩ！』ですが、父の要望どおり『空戦記録』の基本的内容がいじられたわけではなく、間違いが伝えられたという印象ではありません。後にファンから寄せられた感想や質問を読んでみると、脚色部分について触れる方はいらっしゃいませんでした。読者が知りたいのは、活劇でもロマンスでもなく、やはり父がどう戦ったかという事実であることが、改めて分かりました。

本質が伝わっているのだから、じゅうぶんだ——父はそう考えました。

自力で海外出版しようとしてもできた話ではなし、願ってもいなかった提案が向こうから来て、「サブロー・サカイ」を好意的かつ積極的に世界に紹介してくださったのですから、父はサイトウ氏とケイディン氏には感謝していました。

GHQでのVIP待遇

実は、父は終戦から間もない頃、GHQ（連合国軍最高司令官総司令部）に招かれたことがありました。「自分たちと戦った戦闘機乗りで、腕が良かった者に会ってみたい」という興味をGHQ上層部が持ち、その要望を受けた旧海軍上層部が、父に白羽の矢を立てたのです。

父はこの話を受けて、正直なところ、「いったい何事が起こるのか」と不安を持ったそうです。

そうやっておびき寄せておいて、「戦友の仇！」とばかり捕まえるのではないか。いやいや、正式の招待なのだから、そんなことは絶対にあり得ないはずだ。だがしかし――。友達も、何をされるか分からないから、そんなところに安易に行かないほうがいいと、心配してくれます。

しかし父はこう考えました。戦争はもう終わっているのだし、戦争犯罪人として裁かれたわけでもない。「純粋に個人的な興味だ」と向こうが言っているのだから、行くだけ行ってみよう。

そうは思いつつも、内心は非常に緊張しながら行ってみたところ、当時の日本ではまずお目にかかれない香り高い紅茶とおいしいケーキで歓待され、会談相手は丁重に応対してくれます。父は「旧敵国人にこんなに良い待遇をしてくれるのか」と感動するとともに、戦勝国であるアメリカの懐の深さを感じたようです。

会談相手からは、軍人同士が見せる尊敬の念、父の経験から学びたいという素直な向学心、今後の歴史のために正確な情報を得ておきたいという積極的な姿勢が、はっきりと見て取れました。その時点で父は、当時の日本人としての自分がアメリカに対して当然持っていた複雑な感情から解き放たれ、むしろ友好的な気持ちを持つようになりました。

『空戦記録』の出版後も、アメリカ軍上層部に求められて会談に赴き、空戦の旧敵手のその後を知るなどの興味深い経験もしました。サイトウ氏はその際に通訳担当として臨席していた方です。『SAMURAI!』の出版を了承したのも、その時の好印象があったからです。

『SAMURAI!』で世界的に名が知られるようになった父は、招待を受けて、アメリカの軍や航空関連の行事にたびたび参加するようになりました。主催者からはもちろん大歓迎していただきましたが、時には関係外の一般人から反発を受けたこともありました。

例えば、ワシントン州のヤキマで毎年行われるエアショーに父は何度か行っていますが、最初に招待された年には、「わが町で楽しくやっているのに、わざわざ敵国の戦闘機乗りなど呼ぶことはない」という記事が地元新聞に載り、「サブロー・サカイを来させるな」というボイコット行動が、数名によってでありましたが、行われました。

こういった反発を受けて、父はどう感じたでしょうか。私が尋ねると、父はこのように答えていました。

「けんか腰で生き続けるより、今後どうしていけばいいかを考えるほうが、ずっといいだろう。まず、こちらは紳士として参加することだ」

そして、将来を考えるためには、あの戦いは一体何だったのかと、体験した者同士が友好的に、できる限りの客観性を持って、かつ腹を割って正直に話し合ったほうがいいはずだと、父は言います。

「アメリカ人は楽しいぞ」

もちろん、家族や知人を戦争で亡くし、深い精神的打撃を受けた方々や、陸戦で接近戦を経験した軍人は、敵に強い憎悪を抱き、それがいつまでも拭えないということも感情的に大いにあり得るでしょう。

それに対し、パイロットとしての父は、飛行機同士の戦いにおいては、肉弾戦に比べて、人間同士が殺し合っているという印象が少なかったかもしれないと思っていたようです。戦いの後は意外にさっぱりしていたこともあり、「今日の敵はすごかったな」とあえて褒める

かつての敵だったアメリカ人とも交流を深め、未来への思いを語る父(左)

など、好敵手に対する尊敬の念が戦時中でさえ少なからずはあったと言います。その点では、父は恵まれていたとも思えます。それでも、そんな父にも、敗戦が色濃くなってからの戦いや戦後の動乱の中、悔しかったことはたくさんありました。

しかし、父は気持ちをパッと切り替えてしまいました。

同じ間違いを繰り返さないためには、かつて戦った国アメリカと友好を結び、共に研究していかなければならない。そういう理解と認識に達したのだと思います。過去の敵対心より、将来の可能性に意識が向いたのです。

父がアメリカ人との交流に積極的だったのは、もう一つ、日本の戦闘機乗りがどんなふうに見られていたのか、本音を聞き出したいとの思いもあったからだと思います。個人的な興味もあるでしょうが、父には、そういうことを知らないままに亡くなった戦友たちに報告しなくては、という意識があったのではないでしょうか。

そのためには、かつての敵とせっかく友好的に知り合えたのですから、昔聞けなかったことを今こそ聞かなくては。表現の自由があってコミュニケーションが自由になったこの環境を使わずして、何としようぞ——という気持ちだったはずです。

しかし、そういう深い感慨は私が成長していくうちに少しずつ教えてくれたことで、まだ幼かった私には、アメリカの招待から戻った父はごく単純にこう話していました。

「お前、アメリカ人は楽しいぞ」

話を聞くと、歓迎されたから手放しで楽しいといったことではなく、会ったアメリカ人が皆、気さくで自分の思うことを正直に表現するのが楽しいということでした。

「話が早くて、簡単なんだ。話していて気持ちがいい」

物事は単純が一番という父でしたから、アメリカ人の単刀直入な物言いや自分の興味を隠さない点が性分に合ったようで、楽しく会話ができたのでしょう。同じように招待を受けた同行者でも、奥ゆかしい方々は、そういう父を出しゃばりと思われたり、「すぐに迎合する薄っぺらな人間だ」と感じられたりしたかもしれませんが、父にしてみれば、せっかくアメリカまで行ったのだから、どんどん話して理解し合おうと心に決めていたのです。

父のレディ・ファースト

一方で、アメリカ社会には父を戸惑わせる習慣も少なからずありました。その代表がレディ・ファーストです。

ある立食パーティで、回ってきたごちそうを父が「自分に渡してくださるもの」と思って手を出しかけたら、隣の母に渡されてしまった、ということがありました。相手の方は在日経験がおありでしたので、父の反応を理解してさりげなくフォローしてくださいました。

「ごめんなさい、ミスター・サカイ。レディ・ファーストですから」

すると父も、

「そうですね、アメリカはレディ・ファーストでしたね」

さも心得ているとばかりにうなずいたのですが、実のところ、ごちそうを受け取ろうとした手が空をさまよってしまった瞬間、ちょっと照れくさそうな顔をしたのを、同席していた私はしっかり目撃していました。「よしよし、良いお勉強をなさっていること」と思ったものです。

それ以来、事あるごとに「レディ・ファースト、レディ・ファースト」と言うようになった父ですが、口にするほどには自分の日常習慣は変えられるものではありません。しかし、アメリカでは、母にドアを開けてやったり先に座らせたりと、なかなかのジェントルマンぶりを発揮するようになりました。

散歩で母を先に歩かせているので、からかい半分に「あら、レディ・ファースト?」と私

が言うと、父はむきになって、

「そうじゃない。後からついてこさせると転んでも気づかないから、前を歩かせているんだ」

「だったら、腕を組んでずっと支えてあげれば?」

私のからかいに父はむくれたふりをしてみせながらも、その実、密かにそういう習慣を楽しんでいたふしがあります。

古い日本人でいつも母に立ててもらってきた人なので、いつもは照れくさくてできないことも、レディ・ファーストだと言えば良い口実になるというわけです。母に何かしてあげているのを私に見られると、「これはレディ・ファーストな」といちいち断るのも、どうやら父流の照れ隠しだったようです。

その後、私は両親が二人だけで散歩している時、父が母の腕をとって歩いているのを、何度か目にして、微笑(ほほえ)ましい気がしたものです。

「レディ・ファースト」で思い出すのは、アメリカの在日大使であったマイケル・マンスフィールド氏にお目にかかった時のことです。父の読者でいらっしゃった氏が、大使館に招いてくださったのです。

父が私を伴ってお訪ねしたところ、マンスフィールド氏は、わざわざ手ずからコーヒーを煎れてくださいました。これに大いに感動した私は、その帰り道、父にこう言いました。

「お父さまがコーヒーを煎れてくださることなんて、ないものねえ」

父はちょっと悔しそうな顔をして、その後はお互い無口になりました。

次の日、父は「レディ・ファーストだから、今日はコーヒーを煎れてやる」と言い出しました。煎れてやるも何も、コーヒーはもう私が煎れて、ポットからただ注ぐだけになっています。しかし、父はもったいぶってコーヒーをカップに注ぐと、母と私に持ってきました。

「はい、マンスフィールドさん」

そう冗談を言って私にコーヒーを手渡した父は、少し照れくさそうでした。

留学直前の娘に託した言葉

だからといって父は、「それに比べて、だから日本はどうのこうの」といったアメリカかぶれを言い出すようなことは決してありませんでした。アメリカを評価しつつも、どんな社会にも表裏があると承知していましたし、信条として曲げられないものを自分の中で大事にしていたからです。

二十歳を過ぎた私がアメリカ留学を決めた時、父は次のように訓示しました。

まず、留学などで滞在する外国人は、一定条件を守る前提で居住を許されているのだから、その国の社会と文化を尊重すること。「外国人だから仕方がない」と大目に見てもらえても、それは「だから外国人は駄目なんだ」と言われていることと表裏一体だと心得ること。そう把握した上ならば、自分の生まれた国・日本を外から見ることは、私にとって良い勉強となるだろうし、異文化を受容すべき部分と、どこに居ようとも曲げられない部分が、共に見えてくるはずだと。

いざアメリカに出発する段になって、父からはさらに難度の高い訓示があるかと、私は密かに心の準備をしていたのですが、そういう際、父は特別なことを言いません。

自分を忘れず、自由とは何か良く考えてみること。民主主義、弁論、表現の自由を楽しむこと。井の中の蛙が大海に出ていくのだから、好奇心を持って勉強すること（父曰く、「行住坐臥、即、是道場と心得よ」）。人種差別を受けても、やたらにおびえたり怒ったりするな。ただしむきになって、独力ではどうにもならないことに馬鹿騒ぎし、殺されたりするな。こう改めて書いてみると、やはり難しい訓示だったかもしれません。

出国する空港で、父は、私に自分の著書である『大空のサムライ』を手渡してくれました。すでに持っていた一冊はスーツケースの中です。

きっと、父の好きな言葉「不撓不屈（ふとうふくつ）」がまた書いてあるのだろう。そう思いつつ機内で表紙を開けてみると、意外や、次のように書かれていました。

我が愛する娘、道子へ

装道は愛なり

愛は全てを生かし
真言装行を美の極に至らしむ
父　三郎

サムライが見たアメリカ

ファンレターに込められた思い

『ＳＡＭＵＲＡＩ！』はアメリカ社会で高く評価され、一時期はアメリカ空軍の飛行訓練生の必須教科書になったと聞いています。その後、世界各国で翻訳出版されるまでのミリオンセラーになりました。

しかし実のところ、そういった評判を、当の父はしばらく知ることがありませんでした。というのは、『ＳＡＭＵＲＡＩ！』はアメリカではマーティン・ケイディン氏の著作物として登録されており、父はいわば取材協力者という立場でしかなかったからです。出版社は著者ではない父に売れ行きや重版情報を報告する責任はなく、事実、連絡はありませんでした。

海外のファンがサインを求め、『ＳＡＭＵＲＡＩ！』を持参なさるたびに、父はそれが表

紙デザインの異なる再版本であるのを見て、

「おや、今度はこんな版が出ましたか」

と苦笑いをしていました。

そういうわけで、『SAMURAI!』がアメリカ社会でどう受け入れられたかを父が知ったのは、わが家に少しずつ届き始めたファンレターからでした。

突然大量のファンレターが来るようになってびっくり……ということはありませんが、ひと月に一通、また一通と、絶え間なく舞い込んできます。英文で書かれている手紙を知り合いに訳してもらうと、どれも熱狂的で、そして非常に好意的な感想が綴られています。かつての敵国人の戦記を真剣に読み、興味を示してくれることに、父は驚き、また感動しました。

その多くに共通しているのが、次のような感想でした。

――私は、「KAMIKAZE」特攻などを行う日本人というものは、アメリカ人とは全く異なる人間たちだと思っていたし、日本の戦闘機パイロットは「エンジェル・オブ・デス（地獄の天使）」と呼ばれる通り、血も涙もない存在だと思っていた。しかし、この本を読んでみて、日本人にも私と同じ感情があり、同じように悲しみ、苦しみ、喜ぶ人々だと知った。それが分かって、嬉しく思う――。

戦記のファンレターというと、撃墜数が多くて格好いいとか、戦いの栄誉を称えるといったものを考えがちですが、父へのファンレターは、「アメリカ人と日本人は同じ血の通った人間だということを、あなたの本を読んで確信した」といった内容がほとんどでした。

それが、父には嬉しかったようです。

幼かった私は、当時まだ事情を知らず、「お父さまにはアメリカから手紙がちょこちょこ届く」程度に思っていましたが、受け取るたびに父が感慨深そうな顔をしているので、「アメリカ人は、何て書いているの？」と聞くと、

「アメリカ人も日本人も同じ人間だってことが、分かってもらえたらしいんだ」

と、たびたび言っていました。

サカイという戦闘機乗りが一人の人間として読者の心に伝わったことを喜び、そう受けとめてくれたアメリカ人もまた同じ人間だと、改めて実感できたのです。

私も中学で英語を習うようになると、「お前も読んでみろ」と渡されました。けれども、ネイティブの英文は、特に手書きのものは判読しにくく、ようやく「本を読んで感激した」というぐらいが分かる程度でした。しかし、この頃の経験から私は英語に強い関心を持ち、将来のアメリカ留学へ、そして同窓生だった夫との結婚へとつながったのではないかと思います。

目の前のアメリカ人

ファンレターには感想だけでなく、戦闘や零戦についての具体的な質問も書かれていまし

た。父の英語力は習い始めの中学生程度のもので、自力ではとても返事はできません。大使館や知り合いに代筆を頼んだりはしたようですが、なかなか速やかに返事を差し上げられません。

そのうちに、熱心なファンが、わざわざ日本のわが家にまで訪ねてみえるようになりました。軍や航空関係者が多かったのはもちろんですが、学生やヒッピー風の若者が、ふらりといらしたこともあります。

中でも、アメリカ軍の航空関係の方が大使館や自衛隊の通訳を伴って訪問されると、父はその歓談に私を同席させることがありました。「零戦のサカイ」としての側面を娘に見せたかったのか、あるいは滅多にない機会として、アメリカ文化のにおいだけでもかがせてやろうと思ったのかもしれません。話している内容は深くは理解できず、分かったのは「お父さまにはアメリカ人にもファンが多くいるらしい」といったぐらいですが、父が彼らに友好的であることは実感できました。

そういう場での父は嬉々として活発に話しますし、相手の方も、アメリカ人は表現力が豊かだからかもしれませんが、どなたも喜んで耳を傾け喝采してくださっているのが、側にいる私にも直に伝わってくるのです。

アメリカ空軍で五機以上の撃墜数を持つパイロットだけが加盟を許される「アメリカン・エース協会」の会長が、訪問してくださったこともあります。零戦搭乗員会が訪米し、協会を訪問したことへの答礼の表敬訪問でした。

この時も、私は同席し、歓談に耳を傾けました。アメリカのエースが父に対し尊敬の気持ちを表してくださっているのが、私にもよく分かりました。

空戦で互いの乗る戦闘機を撃ち合うという状況を経てなお、アメリカのエースと日本の戦闘機乗りが敬意を分かち合うことを、中学生の私は大きな感動とともに眺めていたものです。

ティベッツ大佐との会談

父は招待を受けてアメリカの軍や航空関連の様々な行事に出席していますが、その中には、忘れ得ぬ方々との出会いがありました。その一人がポール・ティベッツ大佐です。

この名前はご存じなくても、爆撃機エノラ・ゲイの機長だと聞けば、はっとされる方は多いことでしょう。昭和二十年八月六日、広島に原爆を投下した爆撃機の機長だったのが、ティベッツ大佐です。

父が、ティベッツ大佐にお会いしたのは一九八三（昭和五十八）年、アラバマ州空軍指揮幕僚大学の卒業式で催された航空二百年祭でした。

この大学は将来の幕僚となる中佐以上の空軍士官を育てる養成機関で、毎年の卒業式には「ギャザリング・オブ・イーグルス（鷲たちの集い）」という式典が開催され、著名な航空家が世界中から招かれます。航空家にとっては極めて名誉なことであり、日本人で招かれたのは今までのところ父だけです（ちなみに父は一九九五年にも再度招待していただいています）。この年同じく招待されていたティベッツ大佐は、日本人の出席者があると聞いて、事前から少なからず緊張なさっていたようでした。

原爆を投下した者として、日本の被爆者とその遺族、マスコミからたびたび厳しい非難を受けたこともあり、また、自分の投下した爆弾が世界史上に例のない大変な被害を与えたという事実を心理的にどう把握したものか、戦後非常に苦しんだ方だからです。

父は主催者に、「できれば、式典後のパーティでティベッツ大佐に紹介していただきたい」と申し出ました。この要望には主催者もいささか緊張されたようで、どういう理由なのかとの問い合わせがありました。お祝いの席には、過去のわだかまりを持ち込まず、出席者全員がなごやかに過ごしてほしいというのが、主催者の意向です。

父が「同じ戦争に参加した者同士、お互い生き残ってよかったと申し上げたいだけだ」と伝えたところ、ティベッツ大佐は了承してくださり、パーティ会場で私たちを待ってくださっていました。

しかし、正式に紹介がある前の大佐はひどく緊張したご様子でした。父に何か別の意図があるのではないかと危惧されていたのかもしれません。

挨拶の後、父は言いました。

「あなたがどういうミッションを実行したかは、知っています。私もたくさんのアメリカ機を落としました。私は軍人ですから、軍人としてのあなたを批判するつもりは全くありませんし、できません」

「軍令ならば自分も投下していました」

父はさらに続けました。

戦争の一つ一つの戦局で、どこにどういう攻撃をしかけるかは、前線で実際の戦闘に臨む軍人が決めることではありません。原爆投下もあなたが決定したものでなく、あなたは上部からの命令を遂行しただけの立場です。被害が甚大だったからといって、たまたま遂行役として任命されたあなたを非難するというのは、はなはだ筋違いの話だと、私は思っています。一方で、原爆投下によって戦争を終結させ、さらなる被害を食い止めたとして、あなたを大局的に英雄視するのもやはり筋違いです。

たとえ、ただの遂行役であっても、これほどの被害になる攻撃は命令を破ってでも回避すべきだった……そんな論調が日本にはありますが、どんな被害をもたらすかは原爆が実際に投下され、爆発するまで分からなかったことです。全く最新の兵器であり、誰もその威力を本当には知らなかったのですから。アメリカ大統領やこれを考案した物理学者でさえ、実際にどれほどを把握していたかは分かりません。

また、被害が過去に前例のない、あまりにも恐ろしいものだったということも繰り返し話題にされますが、それならば小さい爆弾で被害者数が少なかったなら赦（ゆる）されたのかという話にもなりかねません。もちろんそんなことはあり得ません。第一、どんな小さなミッションでも、敵国を攻撃し、建物施設だけでなく軍人にも民間人にも被害を与える、それは戦争の本質です。

ただあなたの場合、与えられた原爆投下という任務が史上初であったことから、それは極めて重要な時事として人類の歴史に刻まれるものとなってしまいました。

多くの日本人をはじめ、核爆弾禁止を願う世界中の人々は、これを批判するでしょう。しかし、それは核の軍事利用それ自体を批判しているのであって、決してあなたを非難しているわけではないと私は解釈しています。

むしろ、あなたの率直なご意見を聞きたいと願っている人たちも多いのではないでしょうか。図らずも史上初の原爆を投下する立場になったあなたが今どう思っていらっしゃるのか、それを知りたいのが、正直なところではないでしょうか。

私でも、あなたと同じ立場となって上官から「この新型爆弾をアメリカに落としてこい」と命令されたなら、躊躇（ちゅうちょ）なく同じようにしたでしょう。それが軍人の仕事ですから。そして、あなたと同じように強いショックを受けたでしょう――。

一人歩きする言葉

このように父がどんどん話すのを、脇にいる私は一生懸命通訳して、ティベッツ大佐に伝えました。

すると、聞いている大佐の顔はだんだん紅潮してきて、うっすら涙ぐんでもおいででした。同じようなことを遠回しに伝える人はいても、父のように目の前で大佐自身の目を見て、はっきりと言う人はいなかったのでしょう。

後にティベッツ大佐は、「ねぎらいの言葉をいただいて、非常に嬉しかった」という言葉を寄せてくださいました。この時のことと関係しているかどうかは分かりませんが、後年、ティベッツ大佐は、もう一つの被爆地・長崎を訪問されたと聞いています。

父もまた、長年思い続けたことを大佐に直接伝えることができ、スッキリとした思いだったでしょう。通訳した私にとっても、このことは大いなる感激でした。

ただ一つ残念なことは、その時の父の発言が、前後の論旨を無視して引用されるようになったことです。

「坂井三郎は、命令されれば自分も躊躇なくアメリカに核爆弾を落としただろうと述べている」

確かに、そこだけを切り取れば、父がそう言ったのに相違ありません。しかし、こうして切り取られた言葉からは、父が本来伝えようとしたことの主旨がありのままに伝わってきません。

軍人は命令されたことを遂行するのであって、その結果の責任を負うのは、命令した軍の指導者やその国の政治の最高責任者です。原爆に関して言えば、投下を決めたトルーマン大統領が負うべきことです。だから父は、ティベッツ大佐を非難するのは不条理だという主張の延長として、自分も同じ軍人なので同じように命令に従うだろうと述べたのであって、核兵器利用を支持したり、美化したりする意図は全くなかったのです。

言葉は切り取られると、一人歩きを始めます。きちんと全体の論旨を知り、坂井三郎の真意を分かっていただきたいと、願わずにはいられません。

ガダルカナル上空、宿命の出会い

サブロー・サカイを撃った男

『坂井三郎空戦記録』をもとに書かれた『SAMURAI!』は、父が当時のことを詳細に記憶していたこともあって、空戦の日時や両軍編隊の動きが詳しく書き込まれています。すると、これを読んだアメリカの戦史ファンは、「サブロー・サカイとこの時戦ったのは、アメリカのどの部隊だったのか」と調べたくなるようです。

歴史家のヘンリー・サカイダ氏もその一人で、父がガダルカナルで負傷した時に交戦した航空部隊がどこの所属で誰が乗っていたのか、アメリカ側の記録から突き止めようとしました。各部隊の出撃記録や搭乗員名簿、交戦記録を読み解いた結果、当日の出撃部隊を突き止めただけでなく、父を負傷させた機銃射撃を担当した兵士までも、明らかにしました。兵士の名は、ハロルド・ジョーンズ。ダグラスSBD（急降下爆撃機）ドーントレスの後部射撃手でした。サカイダ氏が直接会って聞いてみたところ、ジョーンズ氏は、確かに自分はその日出撃して、そういう攻撃をしているし、父の本を読んで「あのサカイを撃ったのは自分らしい」と薄々分かっていたとのお答えです。

サカイダ氏は、この経緯を『WINGED SAMURAI』という本にまとめました。そして、その出版記念パーティに父をカリフォルニアの御自宅へ招いてくださったのですが、驚くことに、ジョーンズ氏をも招いていらしたのです。ジョーンズ氏はネバダ州在住でカリフォルニアに近かったことと、気さくな人柄もあってか、すぐにサカイダ氏の招待に応じてくださっていたのです。

ドーントレス八機編隊に突っ込む

父がガダルカナルへ出撃したのは、昭和十七年八月七日のことです。

当時の日本軍は南方の制空権を失いつつあり、父のいたラバウルが主要基地になっていました。この頃ニューギニア東端のラビに進出した敵基地を日本海軍は攻略しかねており、七日の出撃はラバウルからラビまで飛ぶ大遠征として、詳細な攻撃計画が打ち合わされていました。

ところが出発間際、攻撃目標が突然変更されました。アメリカ軍がソロモン諸島ガダルカナル島に進攻し、今も大船団が接近し上陸作戦を続行中という連絡が入ったのです。すでに同島の日本軍基地からの連絡は途絶えていました。ラバウル基地は敵のガダルカナル上陸作戦の中断を図ろうと、敵船団を攻撃に行く中攻隊の出撃を決定し、それを掩護するために、父たち零戦隊も「出撃せよ」という命令を受けました。

ラバウルからガダルカナルまでは約五六〇カイリ。往復すれば零戦の航続距離ギリギリであるだけでなく、それまで日本海軍が体験したことのない最長距離の空襲作戦です。

数時間かけて編隊はガダルカナル上空に到着、中攻隊は計画通り爆撃を行ったものの、なぜか船団に有効な魚雷ではなく爆弾を搭載してきていたため、期待にかなった戦果を挙げることなく、再び長い復路を戻ることになりました。

しかし、父たち零戦隊は、爆撃隊を安全圏まで退避させたところで、ガダルカナルへとって返しました。父たちを率いる笹井醇一中尉が、零戦隊だけでも敵戦闘機と一戦を交えようという計画を、隊の皆と出撃前に打ち合わせていたのです。笹井中隊全機は、再びガダルカナル上空でアメリカ海軍の新鋭機グラマンＦ４Ｆワイルドキャットを相手に対戦し、父はこの時一機を撃墜しました。

この空戦の直後、二機の列機ともう一機の友機を従えて笹井中隊に戻ろうとした時、ガダルカナル本島の中央部、高度四〇〇〇メートルの上空で、父は敵の戦闘機の別の編隊を発見しました。例のごとく視力の良さで、約一万メートル前方の敵機をいち早く発見した父は、すぐさまこれを追い始めました。そのはやる心に加え、自機のエンジンの調子がすこぶる良かったこともあり、父の零戦はあっという間に機速がついて、友機を置いてきぼりにするかのように、単機で編隊に急接近していったのです。これが、父にとって運命の分かれ目となったのです。

父は全速で八機の敵編隊近く二〇〇メートルまで迫り、照準を開始しました。そのままのめるように、一〇〇メートル、七〇メートルと肉薄し、絶対優勢な近距離から一発の無駄弾なく一撃をしかけようと、引き金を握ったまさにその瞬間――。

「あっ、しまったあ！」

父はそれが戦闘機編隊ではなく、爆撃機ＳＢＤドーントレスの編隊であることに気づいたのです。

敵機はすでに数千メートルも先から、父の零戦を発見していたに違いありません。見れば、敵編隊八機の後部砲塔各二挺、合わせて機銃全十六挺が、ぴたりとその銃口を父の機体に向け、父独りを冷然と待ち構えています。

なんたる迂闊（うかつ）！　戦闘機なら、自由な散開隊形で反撃してきているはずではないか。

戦闘機に弱い複座の爆撃機は、できるだけ密集した隊形をとって、集団の火力で戦闘機に応じるのが常道です。この全八機は、編隊を崩さず、冷ややかな視線と恐るべき忍耐で、父一機に狙いを定めていたのです。ジョーンズ氏は、その中の一人でした。

集中砲火で頭部に被弾

もはや敵からの機銃射撃を回避できる段階ではない。そうとっさに判断した父は、空戦の最悪の結果である「自機だけの敗北」を避けるために、敵との相討ちを覚悟しました。

目をつぶる思いでこのSBDの編隊に突っ込みながら、二〇ミリと七・七ミリ機銃の発射把柄(はへい)を折れるほどに握りっぱなしにします。父の放った機銃弾で、敵機二機がいっぺんに炎上したように見えた瞬間、父も敵機からの集中砲火を浴びたのです。

この時、SBDの後部右砲塔にいたジョーンズ氏は、右後方から急速で迫りくる零戦を目前にしました。後に彼は、こう述べています。

「一機の零戦が、我々の編隊の右後方から迫ってきていた。ものすごいスピードだった。五〇〇フィートぐらいの距離から撃ってきた。

我々の友機からも反撃が始まったが、私も含めた何機かは、射撃角度が浅すぎて撃つことができない。自機の尾翼を撃ってしまうからだ。しかし次の瞬間、追突を避けるためか零戦が右に旋回した途端、私は撃ち始めた。

一〇〇フィートと離れていない。彼のコックピットが破裂して、風防が吹っ飛んだ。傷ついたパイロットの顔がはっきりと見えた。上半身は、風圧で座席後部に貼りついたようだ。機体はいったんほぼ直角に上昇したが、その直後、煙を吐きながら墜ちていった。

これが、私が見た彼の最後だった」

敵八機十六挺の三〇口径二連装機銃が一斉に火を噴くや、まるで砂をつかんで投げつけられるように、七・七ミリの機銃弾の束が零戦の風防を破壊しました。

父は頭部に被弾しました。頭を野球のバットで一撃されたような感じがして、すーっと意識が遠のいていったそうです。同時に遮風板が吹っ飛んだらしく、ものすごい風圧で、父は後頭部を激しく座席にぶつけました。

この時、墜ちていく父の機体に、なぜとどめの射撃が行われなかったかは分かりません。たぶん敵機からは、父の零戦がすでに撃墜されたように見えたのでしょう。

しかし父は、戦後になって述懐するように、何度となく意識を失いかけた脳裏に佐賀の母親の叱咤（しった）の声を聞き、我に返って、機体を水平に戻すことに成功したのです。

ラバウル基地までの決死の帰還

しかし、頭部への被弾で左半身は麻痺状態になり、右目にも多数の細かい金属の破片が突き刺さって、視界が利かなくなっています。

この状態では、生還はできない。父は覚悟を決め、自爆するなら敵の戦艦に突っ込んでやろうと考えましたが、やっと認めた敵の輸送船団をやり過ごしてしまいます。それならば、せめて敵の戦闘機に食われてやろうと心に決めたのですが、意外や、一機も攻撃してきません。

たった独りで、海面に激突か――。

そう思い始めた頃、父は傷の痛みでかえって意識がはっきりしてきたのを実感します。手探りで確かめてみると、頭のてっぺんの傷は指がズルッと入ってしまう裂傷で、指先に柔らかく脳ミソを感じるほどです。また、右目は出血のためか、ただ真っ赤な色が見えるだけ。失明状態となっています。

これで戦死かと思った父は妙に冷静になり、その時ようやく、自機が今もなお順調に飛んでくれているのに気づいたのです。

どうせ死ぬにしても、この機を無事に味方基地に着陸させよう。そうすれば、戦友たちが自分の代わりに飛んでくれるだろう――。

父はここで、生還を新たに決意したのです。

そうと決まれば、まずは止血です。自分の唾でベトベトの血糊をぬぐい取り、見えるようになった左目で計器を確認すると、燃料はまだじゅうぶんあるようです。エンジンの回転も順調です。

頭の傷と飛行帽の間に絹のマフラーをつめ込むと、何とか出血は治まりました。しかし少しほっとすると、今度は睡魔が襲ってきました。やはり駄目か。死んでしまえば、楽になれる。すると頭の傷がひどく痛み出して、父の目を覚まさせます。

生きようとすると意識が薄れ、死のうと決めると意識が戻る。人間の心理と、心理下に潜む生存本能は、何と皮肉に人を翻弄するものなのでしょう。まるで天のふるいにかけられている自分。でもまだ生きている自分。人の運命とは、何と不思議なものでしょう。

父はこの最悪の事態にあって、なお平常心を保とうと自制し、機の傾きを整えます。とにかく帰る方向を定めなければ。

しかし、自分の現在位置と飛行方向が分かりません。太陽の位置と変化を頼りに、記憶と経験を呼び覚まして、ラバウルの基地があるはずの地球上の一点を心に描き、それに向かって飛ぶことに決めます。狭いコックピットの中で、見渡す限り続く洋上を、まさに自らの命を運ぶがごとく、基地への生還だけをかけて、父は飛行を続けました。そして被弾してから四時間四十七分、五六〇カイリの孤独な飛行の後、わが台南航空隊の待つラバウル基地へ生還します。

そして、斎藤正久司令以下、いまだ帰還してこない父を気遣っていた全隊員が見守る中、愛機零戦を傷つけることなく、見事な着陸を果たしたのです。

帰還後にラバウル基地で受けた応急処置の際、父の頭部からはＳＢＤの機銃弾の破片二片が摘出されました。その後、内地でも再手術を受けましたが、とうとう取り除けなかったいくつかの金属片は、生涯にわたり、父の頭部の皮下に残存したままでした。

緊張の再会

自分を撃った相手がハロルド・ジョーンズという人物だということを、もちろん父は知りませんでした。お互いに、飛行機対飛行機の戦いでしかなかったのです。しかし、ヘンリー・サカイダ氏にそうと知らされ、さらにはその当人に会えると分かった時、父は好奇心とともにある種の恐れも感じたと言います。

恐れとは、自分の被害者意識がどれほどのものかが分からず、思わぬ反応をしてしまうかもしれない、というものでした。父の理性では、自分の負傷は戦いの結果であって、怨みはないと思っています。そして、互いに和解して、自分たちがこれから世界に、何を残せるかということを、共に語り合いたいという意思もあります。

しかし、父がはっきりと意識していない感情がどう出てくるかは分かりません。これから会う相手は、自分を死の一歩手前まで追い込んだ当人なのです。

そして、一九八三（昭和五十八）年五月三十日、ヘンリー・サカイダ氏の出版記念パーティの当日。折しも、この日はメモリアル・デー（戦没将兵追悼記念日）です。父はやはり普段より、幾分緊張している様子でした。

父のモットーでもある「朝の出だしは機嫌良く」の通り、ニコニコはしていますが、次第に緊張が高まっていくのが分かります。私は母にこっそりささやきました。

「お父さまが緊張なさっているみたいよ、お母さま」

「やっぱりねえ。命を取るか取られるかした相手の方がいらっしゃれば、お父さまでも少しは緊張なさるかもしれないわね」

朝食を終えた父は、そわそわしながら身支度をしています。パリッと糊の効いたワイシャツを着て、ネクタイを緩めに締めて、タイピンを選んでいます。スーツの左襟には、いつも通りエース会員のラペルピンを付け、少ない髪を整えて、コロンを一吹きしました。

続いて父は、ジョーンズ氏にプレゼントしようと用意してきた零戦のタイピンを、桐の箱の真ん中にまっすぐに納め、ふたを開けたり閉めたりしています。ふたを開けた時に傾いたり、転げ落ちたりしないかを確かめているのです。

自分と加害・被害関係にある人物と会うのは、とても緊張するものです。互いに軍人として戦った結果として、それを恥じたり申し訳なく思ったりする必要はないのですが、相手が自分をどう思っているか、本当には、実際にお会いするまで分からないのです。

いよいよジョーンズ氏の到着時刻になりました。パーティの出席者の中にはジョーンズ氏と旧知の方々もお越しになっていて、カリフォルニアの青空の下、皆さんもう玄関前の車寄せでお待ちです。

しかし、父だけはまだ玄関の中。また、タイピンの箱を開けたり閉めたりしているのかもしれません。私は、父の複雑な感情は想像もできませんし、むしろどんな方がお見えになるのか楽しみで、首を長くしてジョーンズ氏の到着を待っていました。

飛行帽とカウボーイハット

そこへ、車が一台入ってきました。降り立ったのは、身長が百八十二、三センチはある大柄の男性で、年齢は父より少し若いぐらい。草原の地ネバダの紳士らしく、カウボーイハットにカウボーイブーツ、キャメル色のジャケットを粋に着こなしていらっしゃいます。そして、脇には大きな紙箱を抱えておいでです。

「お父さま。ジョーンズさんがお見えです」

私が玄関内に呼びかけると、父は「じゃあ、俺もそろそろ」と、ネクタイを締め直し、真面目な顔をして現れました。

ジョーンズ氏は笑みを満面に浮かべ、まっすぐに父の顔を見つめ、「会えてよかった、とても嬉しい」と、とても信じられないというふうに頭を振りながら、近づいてこられました。

途端に父から緊張が消えました。

「お互いに生き残れて、良かったな」式

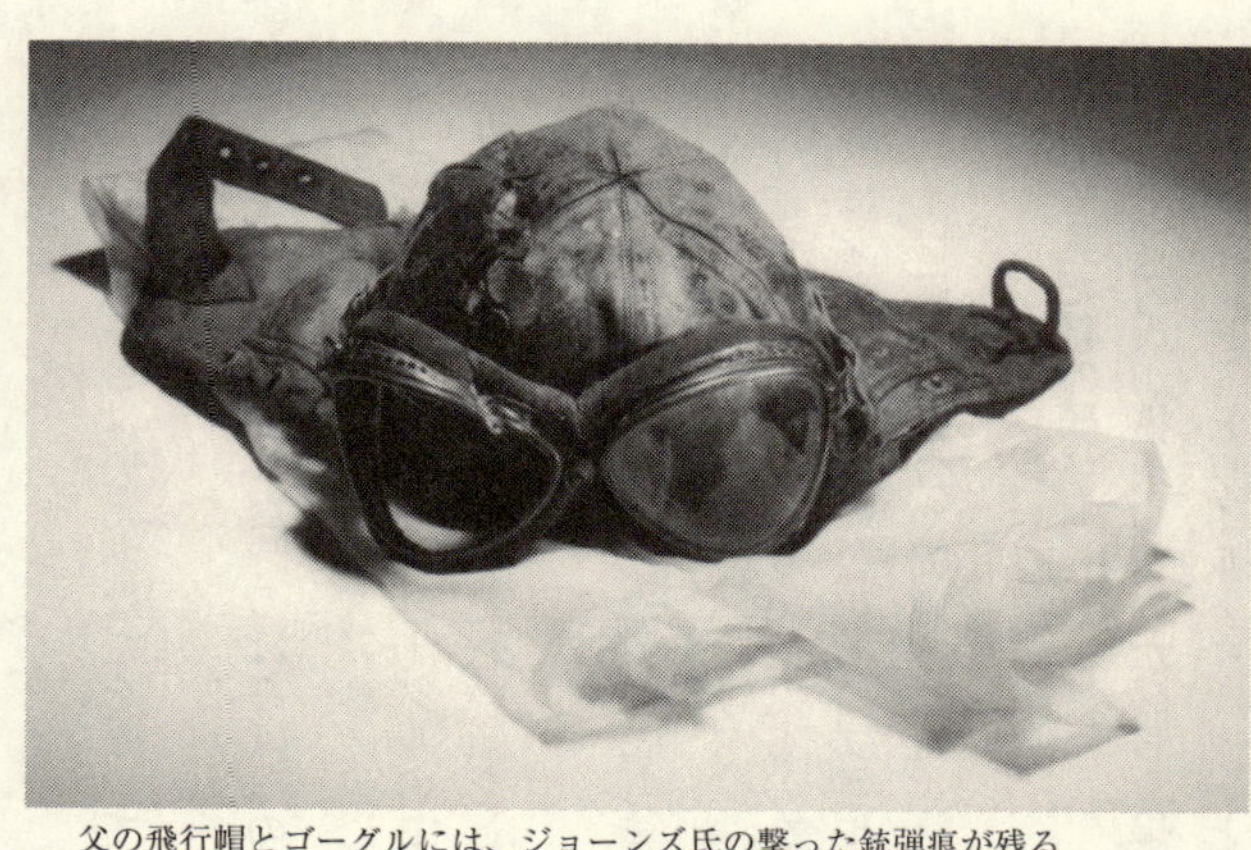

父の飛行帽とゴーグルには、ジョーンズ氏の撃った銃弾痕が残る

この瞬間、二人の間には、もうそれだけの思いしかないようでした。

腕相撲をするみたいにぐっと握手し合うと、後はパンパンと互いに肩を叩き合っています。じっとお互いに目を見つめ合うのですが、二人の顔にはもう笑顔しかありません。これはジョーンズ氏の人柄もあったのでしょう。まるで、久しぶりに同輩に会ったというような印象です。「懐かしそう」なのです。父のこれほどの笑顔は見たことがなかったと言っても、言い過ぎではありません。

二人を囲む全員は、興味津々に眺めながら、「当然こうなるだろう」と想像していたし、そして一同が「こうなってほしい」と祈っていたはずです。

二人は大きくうなずき合い、感動が治まるまで長い間、握った手をずっと離さないままでした。

その後、ジョーンズ氏が意を決したように切り出しました。

「あの時、任務とはいえあなたを撃ってしまって、今となっては大変申し訳ないと思っている」

すると父は、撃たれた時のぼろぼろの飛行帽を持ってきていて、それをジョーンズ氏に示しながら、

「ここに穴が開いていて、ゴーグルのここにはへこみがある。君の弾が当たったんだろう」

茶目っ気があるのでわざと恐い顔をしてみせると、ジョーンズ氏も笑って、抱えていた箱を開きました。

「あなたのゴーグルをそんなにしてしまって、申し訳ない。その代わりにこれで勘弁してくれないか」

そう言って、中から取り出したものを父にかぶせたのです。

それはシルバーに近いグレーのフェルトのカウボーイハットで、その日父が着ていた生成(きな)りのスーツによく似合っていました。

初めて見た敵の顔

ジョーンズ氏が搭乗していたＳＢＤ爆撃機編隊と遭遇する直前、父は笹井中隊の一機として、グラマンＦ４Ｆワイルドキャットとの空戦を行っています。この時の空戦も、父にとっ

てことのほか忘れがたいものでした。

対戦したワイルドキャットの防弾防火設備は素晴らしいもので、父が二百発ほどの七・七ミリを全弾命中させているのに、まだ墜ちません。アメリカ新鋭機の何という底力。零戦だったら、とっくに炎上しているでしょう。

至近距離での交戦の最中、父の零戦とそのワイルドキャットは、まるで列機同士のように並んで飛ぶかたちになっていました。この時初めて、父は、自分の撃った銃弾で敵パイロットが血を流している姿を見たのです。受けた傷が深いのか、反撃もやめて、ただ自分を見ている敵パイロットの表情が、コックピットの中でもはっきり分かるほどです。

父は戸惑いました。この男は、じゅうぶんに傷ついているではないか。

「見逃してやりたい」

いやいや、これは戦闘なのだ。これだけの凄腕の敵を生きて帰したら、次の対戦では味方機がこの男に墜とされることになるかもしれない。

父は、ついに致命弾を放ちました。

「——許してくれ」

次の瞬間、このワイルドキャットは墜ちていきました。

この時ほど、戦争とは悲しいものだと感じたことはなかった——。父は後にそう書いています。

この時の傷ついたパイロットは、墜落する自機から落下傘で脱出し、後の研究でジェイムズ・サウザーランド中尉であったと分かっています。

しかし空戦では、父も、サウザーランド中尉も、そしてSBDのジョーンズ氏も、互いに名も知らぬままに、決死の戦いを繰り広げていたのです。

国際結婚もむしろふさわしい婿、アメリカより来たる

私は二十代の六年間を、テキサス州サンアントニオ市の大学で過ごしました。私が決めた留学に対し、父は「お前は不良少女だったから、信用を回復しなければ国外などに出せない」「本気でアメリカに行きたいなら、日本人の女として着物を一人で着られるように」などといろいろ条件はつけたものの、反対することはありませんでした。

おかげで充実した学生生活を過ごしたのですが、いざ卒業して将来を決めることになり、私ははたと考え込んでしまいました。一度、日本に帰ると決めたのはいいのですが、そうすると、今つきあっている彼、テレンス・スマートとの仲はどうしたらいいでしょうか。せっかく日本で就職してしまえば、アメリカにいる彼としばらく会うことができません。せっかく

これまでつきあってきたのを終わらせるのはつまらないし、お互いあっさりと「じゃあ、結婚しましょう」ということで決まりました。

しかし、ここからが問題です。士族の血筋に生まれ、祖母からその心構えを叩き込まれてきた父は、私に「サムライの娘と心得よ！」と常々言ってきました。その娘が国際結婚をすると言い出したら、一体どんな反応を見せるのでしょうか。

えい、ままよ。肝を据えて正面突破です。

「結婚したい相手がおりますの。同じ大学で知り合って……アメリカ人なんです」

驚いたことに、父はあっさり答えました。

アメリカ留学のおかげで着物の着付けも一人でできるように

「そうか。そうなるかとは思っていたよ」

父が言うには、年頃の娘を遠くに長く出しておけば、それぐらいの話はあるものと承知していたとのことです。

「よろしいでしょうか？」

「俺が反対したら、結婚をやめるのか」

「いえ、やめないけれども。できれば祝福していただきたいなと思いますの、でも駄目なら勝手に嫁ぎます」

駄目とも言われず、とんとんと国際結婚が決まってしまいました。しかし、あまりにスムースに進みすぎます。父は無理してはいないでしょうか。

少し後になってから、父に尋ねました。娘がアメリカ人と結婚するのを、本当のところどう思うのかと。

「それも何と言うか、なかなかふさわしい気がする」

何がどうふさわしいのか曖昧ではありましたが、私は理屈を超えたところで、父のそういう心持ちが分かるような気がしたのです。

相手親族との相互理解

これで無事に夫になることが決まったテレンスは、アメリカ陸軍で三年ほど従軍歴がありました。アメリカの軍隊にはGIビルといって軍歴者に大学進学を補助する制度があり、テレンスはそれを利用して大学に来ていました。私とはそこで知り合ったのです。

それを説明すると、父は「お、兵隊か！」と嬉しそうにしました。どうやら急に親しみを感じたようです。

「今は兵隊じゃないんです。軍歴はあるけれど」

「軍にいたんなら、兵隊だろう」

その後、テレンスが来日した時も、まずは「お前は陸軍か、俺は海軍だ」といった話で盛りあがっていました。海軍と陸軍のどちらがいいかで論争するなど、なかなか和気あいあいとしたものです。従軍経験を持つ男同士の魂の連結というものなのでしょうか。

一方、この結婚で父が少し気にかけたのは、テレンスの家族が自分をどう認識しているかということでした。日本帝国海軍の元軍人で、太平洋戦争中は戦闘機乗りで、アメリカ人をたくさん撃墜している者と親戚になることに、抵抗はないだろうかと。

これはテレンスがすでに自分の家族に説明しており、父親のスマート氏は歴史学者でしたから、次のようなお答えでした。

「確かに、私の親戚にも太平洋戦争やヨーロッパ戦線に赴き、犠牲者となった者がいる。しかし、歴史に悲喜劇もろもろあるのは、当然のことだ。ミス・サカイの父君がその中でどんな役割を振られたにせよ、私にはそれが問題になるとは思えない」

そして父の著書をすでに読んでくださっていて、テレンスによれば「非常に興味深い」とおっしゃっているそうです。先方のそういう反応を聞いた父は、「ああそうか」と安堵したようでした。

父と婿の会話

この結婚にあたって、父がつけた注文が二つありました。一つは、せっかく結婚するのだからできれば子孫を増やしてほしいということ。もう一つは、娘の夫とたくさん話したいので日本語を覚えてほしいということです。

テレンスと相談したところ、最初の件については、自分も子どもは欲しいので、もし授からなかったら、いろんな国の子どもを養子にして国連のような家庭を作ろうという答えなので、これは解決です。けれども、二つめはなかなか難問です。彼は大学で東洋文化を勉強していたので少しは日本語を理解しますが、日常会話が交わせる、とはいきません。

一方、父は、自分がこれから英語を学ぶよりは、若いテレンスが日本語を覚えたほうがずっと効率的だと言って、テレンスが卒業後の進路をまだ決めていないと知ると、「こっちに来て、日本語を学んでもらえ」と言い出しました。

となると、現在無職のテレンスは居候になるしかないのですが、父は「構わない、ここから日本語学校に通ってもらえ」となかなか積極的です。テレンスとしては、一度は挨拶に来日しようと考えていましたから、その滞在期間を長くすればいいだけのこと。というわけで、昭和六十年春、満開の桜の中、未来の夫は来日し、坂井家に居候し始めました。

彼は、私とつきあっている間に、すでに父の本を何度か読んでいたので、初対面では、「あの撃墜王サブロー・サカイが、目の前に！」というファンとしての興奮と、婚約者の父に対する緊張とがごちゃまぜの様子でしたが、テキサス人ならではの南部風の礼儀正しさを身につけていたので、そこが父にも母にも好印象だったようです。

私は、その頃には勤め始めていたので、日中家に残るのは両親とテレンスだけです。テレンスが日本語学校に通っていない時間、まだろくに言葉の通じない三人がいったいどう過ごすのかと思っていたら、テレンスは帰宅した私に「君のお父さんって、面白い」と言うのです。

一番面白いのは、父にためらいがないことです。誰にでもそうではないのですが、二人の相性が良かったのでしょう。「テレンス、これ食べてみるか」と見たことのない食材を食べさせたり、自分が使いやすいように工夫した道具を取り出して「ちょっと見てみろ」と自慢したり、かと思えば「お箸はこう持て」と突然しつけを始めたり。テレンスは、本の「サブロー・サカイ」のイメージに比べ、本物の父が思いがけずも気さくでオープンなことにほっとし、また、好奇心が強くて冗談好きで、新しい家族にやたらちょっかいを出して、構ってくれるので、一日中面白い、との感想です。

そして、何より驚いたのは、父は当時六十八歳でしたが、とてもその年齢に見えない身軽さと体力でした。よく父と二人で懸垂をしていたテレンスを思い出します。

テレンスが学校から帰って日本語の宿題をしていると、父と母も一生懸命に教えてくれます。そこで父には、自分もちょっとは英語を覚えたほうが良いと意を新たにしたらしく、

「おうテレンス、これは英語では何て言うのか。これはアメリカではどうなっているのか」

と次々に質問します。

テレンスが覚えている限りの片言の日本語と英語のちゃんぽんで父の質問に答えていたら、意外に間もなく父も簡単な日常会話なら英語をしゃべれるようになりました。テレンスも軍歴があるので、日本の軍用語をよく勉強したし、歴史や政治といった共通の趣味が話題となって、二人は私が想像する以上の会話をしていたのです。

ただし母は、こういう時は案外厳しくて、

「テレンス、あなたは日本語を覚えるのが、お仕事なんですから」

そう言って、日本語だけしか話しませんでした。

米軍基地訪問を楽しんだ父

テレンスは、父の家の私の部屋に同居する状態だったので、本当のところは父がどう感じていたものか、初めはちょっと照れくさい気もしていたのですが、状況を正しくするために、速やかに結婚式を挙げることにしました。

これについても、士族のしきたりで式にも格式ばった決まりがあるのではないかというテレンスの心配をよそに、父は「大げさにすることもないだろう」と言います。

「会社勤めでもない俺には、義理立てして娘の結婚式に招待する相手もいない。仲人だって、別に立てることはないいんじゃないか。お前の好きにすればいい。ただし、食事はうまいほうがいいなあ……」

見てくれよりも実質という、いかにも父ならではの考えです。

そういうわけで、親戚にテレンスを紹介するのが目的だからと、披露宴は何もかも端折(はしょ)った略式の立食パーティと決めました。

しかし、頼んだ施設の予約担当者が父のファンで、その娘の婚礼披露ならばと、たいそう発奮された様子。私はそれに感謝を述べつつもさえぎって、

「坂井家はもともと士族の家です。祝い事ですから地味にとはいきませんが、質素に済ませたいと思います」

私は、一日中ウエディングドレスでいられること、出席者がゆっくり話せるようにアトラクションは不要、その分食事は父の願い通り、子どもからお年寄りまでおいしくいただけるものにしたいこと……等々とお願いしましたが、父は一度も口をはさみませんでした。

日取りが急だったため、テレンスの両親は仕事の日程調整がつかず、来日していただけません。せめて結婚式は、あちらの家の宗教で挙げれば遠くでも心が通うのではと、カソリック聖堂で挙げることにしました。それを聞いた父は、

「お、父と娘でバージン・ロードを歩くのか。例のツー・ステップで行くのか？」

式の当日、父は照れもせずに、大聖堂の長いバージン・ロードを普通のステップで歩いて、私をテレンスへと引き渡してくれました。

その後、テレンスは、軍に戻ることを決心して先に帰国し、私は日本で長男を産んでから、

テレンスについてアメリカに再度渡り、各地の軍基地官舎を転々とする生活となりました。

父と母はその官舎によく遊びに来てくれました。

どうやら父には、軍人に囲まれた官舎の雰囲気がすんなりと肌に馴染みやすかったようです。会話は英語でも、軍人同士だと確かに分かりやすいことも多く、また何となく心が通じやすいところもあるようです。そしてたまには日本人の奥さまがいらしたり、自衛隊が共同演習で短期駐屯していたりと、案外日本語の通じる機会もあるのです。

また、どこから聞きつけるのか、「あのサブロー・サカイがスマート中尉のもとを訪れているらしい」と分かると、先々の将校クラブから声がかかることもありますし、航空関連の部署はもちろん、他の部隊からも、「自分たちは航空部隊でないが、戦闘体験のある先輩の話を聞きたい」と、正式にお招きを受けたりします。

夫のテレンスは戦車部隊でしたから、航空関係しか知らない父は未知の世界に興味津々で、戦車のことを根掘り葉掘り質問します。夫が詳しく説明するタイプなのが、また父と波長が合い、戦車の操縦や武器弾薬など、私と母には全く分からない話題に、義父と婿の二人は真剣です。さらには部隊の同僚から「ミスター・サカイ、戦車に乗ってごらんになりますか」と勧められると、好奇心旺盛な父はもちろん出かけていきます。そして、最新鋭のM1タンクに乗せていただくなど、民間人、特に外国人にとってはお願いすることさえできない体験を実にたくさんして、父は陸軍基地ライフを大いに楽しんでいました。

夫の方は、曲がりなりにも尉官となって妻の両親を士官用官舎に招けるということを、男としての誇りに思うようです。父もテレンスの努力を認めてくれて、

「テレンス、よくやったな。日本に来ていた時は、こいつどうなるものかと思ったもんだが」

と褒めてくれます。

婿に軍人の心構えを伝授

夫は根が気さくで、休日の朝などはニコニコ「おはようございます、お父さん」と大きな声で挨拶するので、「朝の出だしは機嫌よく」がモットーの父はきわめてご機嫌です。平日は早朝出勤で午前四時には家を出てしまうので、父母が起きる頃にはもう家にいませんが、昼食にはよく帰ってきて、家族一緒の食事となります。夫が少しばかり昼休み時間を延ばしていると、父は、

「テレンスは部署に戻らなくていいのか。今日は、仕事を何もしていないんじゃないか」

と、先輩風を吹かせます。

テレンスは父を軍人の大先輩として尊敬しており、せっかくその父が来ているなら学べることはできる限り学んでおこうと、演習のシミュレーションについてアドバイスを求めたり、士官としてのリーダーシップについて質問したりします。父もまた、宮本武蔵の『五輪書』

をひいて戦闘の原理を教えたり、

「テレンスは中尉で、側近の部下がたとえ六人しかいなくても、リーダーなんだから、こういうところを気をつけろよ」

と、片言の英語と日本語でなかなか複雑なことについて、長く語り合っています。

夫は特に、部下への思いやりといった観念は、父の本から学んだと言っていました。

アメリカ軍でも、かつての日本の軍隊ほどではないかもしれませんが、士官と下士官の違いがはっきりしていて、例えば、将校クラブには軍規として下士官は立ち入れませんし、官舎にも明らかな差がつけられています。日常生活では互いが交流するように慣習ができていますが、そうするのは士官のやや義務的なところもあり、単なる思いやりとは異なります。軍の規律と個人としての思いやりを、いかに認識し、どういう節度で行動するかについては、父から学び、実行していたようでした。

特に士官と下士官の間の適度な尊敬と信頼感は、平時でも必要なことですが、いざ戦場においては部下の命にも自分の命にも直接影響する要因となります。父に学ぼうというテレンスの意識は、民間人の私のものより、よほど強いものでした。

アメリカ軍の能力主義に感嘆

夫テレンスが父から多くのことを学ぶ一方で、父もまた、アメリカ軍を基地内部から見られるという滅多にない経験から、様々なことに気づいたようでした。中でも父の印象に強く残ったのが、サージャント・メージャーやワラント・オフィサーの待遇についてでした。

サージャント・メージャーとは、下士官の中では最高の階級である特務曹長を指し、ワラント・オフィサーというのは、呼称こそオフィサー（士官）とついていますが、主に下士官から叩き上げの准士官で、軍歴が評価されて下士官以上の待遇を受ける権利を得た軍人をいいます。ちなみに、父自身も飛曹長から特務准士官、そして戦時中の特別昇進で終戦直前に海軍中尉となり、兵役を終えています。

私たち夫婦の最初の配属地、ケンタッキー州のフォート・ノックス陸軍基地でのことです。フォート・ノックスでは、ゲートを入ると正面の小高い丘に国旗掲揚塔があり、その向かいにでんと構えるレンガ造りの大邸宅が最高司令官邸です。そして、その周りにサークルのように上級将校の家が並んでいます。私たちのような尉官クラスの士官の家族の官舎は市街地の一画にあり、一般道路に面していて、ゲートはありませんが、佐官以上の上級士官の邸宅は、基地の中の住宅用地にあるのです。

ある日、基地内をのんびりと散歩していた父は、上級将校の邸宅が連なる区画から一本入った裏手の一区画にも、同じように風格のあるレンガ造りながら、幾分小さめの邸宅が続くのに気づきました。表札に階級が書かれてあるので読んでみると、「サージャント・メージャー」「ワラント・オフィサー」と書かれています。

「道子。ゲートを入ったところの裏手にある邸宅は、誰のうちなんだ」

「サージャント・メージャーのお宅のこと？　この基地の特務曹長さんたちで、皆さん軍司令部付きの方たちよ。それと、マスター・チーフと呼ばれる准士官の方たちの官舎です」

「下士官なのに、あんな良い場所に住めるのか？」

確かに、少し裏手の陰の多い通りではありますが、基地の中枢にあり、司令官の邸宅と大差のない立派な家屋です。

司令官付のサージャント・メージャーやワラント・オフィサーというのは、士官訓練を受けていないので階級は下士官ですが、軍内部でその実力が認められ、司令官でさえその意見を仰ぐ能力や経験の持ち主だけが、その地位にあるのです。

父はこれを聞き、大きくうなずいて言いました。

「これだから、アメリカ人は偉いな」

なぜなら、師団や各連隊の司令部が戦略を立てる際に、最も有効な情報・意見が多く得られるのは、現場で長く経験を積んだ最高クラスの下士官や准士官からです。そういった人材をどれだけ貴重に扱っているかが、戦略の優劣、ひいてはその師団が臨む戦闘の勝敗を左右することになるのです。ここの基地では、そういった彼らに対する評価が、宿舎の大きさや立地の良さというはっきり目に見えるかたちで表されている、だから偉い、という説明でした。

肩書きこそ士官でも、夫のような下級士官のオフィスは大部屋の一区画で自分専用ではなく、部下と打ち合わせをする際には共有のミーティング・ルームを使うといった待遇です。一方、サージャント・メージャーは下士官で、夫より軍人としての位は低いとはいえ、専用の立派なオフィスを持っています。彼らは与えられる任務も多く、少・中尉クラスぐらいでは知らされない機密も、司令官と直に話し合う必要があるからです。

彼らがその師団や隊にとってどれくらい価値があるかを、誰もが分かるかたちで軍の上層が認め、積極的に示せば、より一生懸命任務に励む気持ちになれるだろう、そう父は言います。

「実力がある人への尊敬を、日常的に表しているんだ。それができるところが、アメリカ人はすごいな」

本来なら、そうするのが当然なはずですが、戦時中の日本の軍隊にはそれがありませんでした。アメリカではすでに太平洋戦争中から、そうしていました。父は、夫の基地の官舎のあり方からそれに気づき、改めてはっとする思いだったのでしょう。

上層部が、自分たちの価値を正当に評価してくれているか。それ如何によっては、下士官、兵の自意識や、ひいては軍全体の士気に大きく影響します。本当の価値を正しく評価するという基本的な姿勢においてアメリカ軍は優れていると、父はこの後も繰り返し主張していました。

下士官ながら多くの空戦を生き抜いてきた父は、その経験から体得したことを生かして、もっと軍に貢献したいと願っていました。士官学校出身で思考能力は高くても経験や判断力で劣る人たちが、下士官を蔑視してその経験や情報、学識以上の能力を、現実的に利用しようとしないことに、危惧を覚えていました。

「本来あるべき姿は、こうではなかったか」

戦後の父が、批判を省みず声高でそう言い続けたのは、日本の軍や社会がそうなれば本当に素晴らしいという、期待と夢があったからです。

第二章

地上に降りた「撃墜王」

道具の徹底管理

書斎のコックピット

父は、終戦を機に飛行機の操縦席を離れました。昭和十七年八月、ガダルカナル上空の対SBD戦で頭部と顔に機銃弾を受け、右目の視力をほとんど失ってしまったからです。

それでも戦争中は、操縦技術に加え、経験の深さや勘の鋭さが劣った視力をカバーし、終戦まで軍務に支障を来すことはありませんでした。しかし平和時となって、操縦桿を握って同乗者の命を預かるとなると、この視力では責任を負えない——それが、父が飛行機を降りた理由です。

それ以降、父は終戦後の動乱を切り抜け、何とか設立した小さな印刷会社の経営に苦労していました。しかし、七〇年代に入って、「大空のサムライ」としての坂井三郎に講演の依頼が増えると、父は実質的に会社経営を退き、零戦や太平洋戦争をテーマとする実録の執筆にも本腰を入れるようになりました。

父が執筆の仕事をするのは、二階にある六畳ほどの小部屋でした。父はそこを、まるで飛行機のコックピットのように配置していました。

部屋の中央には掘りごたつがあって、夏も冬も、それがライティング・デスクとなっています。父はそのこたつの一辺だけを自分の座る場所として残し、残り三辺を小さな机や台で囲んであります。

こたつを囲む格好となったその小机に、父は執筆に必要な全てを配置しました。私が「これはお父さんのコックピットね」と思ったのは、手を伸ばせば何もかもがまるでポップアップ式のティッシュペーパーのごとく、パパッと取れるようになっていたからです。

父は、いつでも必要なものが必要な時すぐにさっと手に取れないと、機嫌が悪くなるのです。特に、執筆に集中している時は、道具を持ってくるためにちょっと腰を上げるのももどかしいらしく、一階にいる家族を「おーい」と呼び立てます。

その被害を最も受けるのは家にいる母で、そのたびに階段を昇らなければなりません。

「もう、お父さま。手間ですから、要るものは揃えておいてくださいませ」

と、母が口に出して掛け合ったかどうかは定かではありませんが、かくして、父の必至のこたつコックピットができあがったのです。

乱雑に見えても、そこに父の秩序はある

掘りごたつの机上はタブロイド判ぐらいの大きさを空けて、そこが原稿用紙を置くスペ

何でもすぐに手が届くように配置された父のコックピット

ースです。父は原稿用紙を使わない人で、マスも線もない白紙に書きつけます。
　右手のすぐ奥には、鉛筆や赤ペンといった筆記用具が各種。その脇にはお茶を置くところと、カロリー補給のためのお菓子が側にないと体力維持ができないというので、お菓子専用スペースが左側にあります。特に甘いお菓子がお気に入りです。
　生まれ故郷佐賀の小城羊羹、地元地蔵通りの名物の人形焼やキンツバ、駿河屋の福々まんじゅうや天津甘栗などはレギュラーメンバーでした。その他には、母が季節のものを買ってきます。そして、何より『大空のサムライ』の出版元であった潮書房光人社で長年、父の補佐をしてくださった方が、父の大好物の「さゝま」の練りきりをおみやげに見えると、それは上機嫌だったものです。
　こたつを囲んだ小机の上にあるのは、父が終戦時に持ち出した自分の勤務録、資料用の書籍や新聞、軍事雑誌のバックナンバーなどで、資料写真も山と積まれています。何冊か同時進行で書くので、原稿の山もいくつかあり、書き終わった分が横っちょに置いてあります。そういった資料と原稿の間には、アイディアが書かれているらしいメモが、お菓子の空き缶などに入っています。常時側に置きたいものが入った「七つ道具」と名づけられた箱が、その側に置かれています。

そして、暗いのが嫌いな父ですから、天井の中央の明かりの他に、右にも左にも照明がついています。中でもメインの照明として、歯科医や建築家が使うような円型の巨大ライトが置かれていました。視力を補うため、大きな拡大鏡が付いたものです。支持脚が自在に曲げられるようになっていて、父は見たい資料までライトヘッドを誘導し、拡大鏡からのぞき込むのです。他に手元にも普通サイズの机上ライトがあるのは、右手でものを書いている時は、照明が左から来ないと嫌だからです。ペン先が自分の手の影になるのを避けるためです。

こう書くと整然とした机上を思い浮かべられるかもしれませんが、実のところ、私や母の目には、何やかやと乱雑に散らばっているように見えるのです。

だからといって、こちらが勝手に掃除や整頓をすると叱られます。父は自分なりの管理をしていて、父自身には何がどこにあるか分かっているというので、家族は極力触らないようにしていました。

アイディア・メモには特に要注意で、父は周囲の畳に糊付の附箋をペタペタ貼る癖があります。私たちが「落ちている」と思って、拾い上げて整理でもしたら、さあ大変。

「順番に置いてあったんだ」

と、怒り出します。

「七つ道具」の精鋭たち

「七つ道具」と呼ばれる箱は、ダイニング及びリビングルームにも据えつけられていました。

なにしろ父は食事中でもテレビを見ている最中でも、何事かはっと思いついたら、すぐに動き出せなければ気が済みません。本の構想を練っている時にすぐメモ帳と筆記具がないと、

「忘れてしまう！」

リビングルーム用の「七つ道具」は、食卓の下に置かれた三十センチぐらいの幅の五段引き出しの中で、父が常時使うものは大体そこに入っています。そうしておいてもらわないと、私たちが大変です。

「ちょっと、あれを出してくれ」

そう言われた時にすぐ出ないと機嫌を悪くするのですから、私や母にとっても、これが防衛策です。

「お父さま、それなら七つ道具の二番目の引き出しを見てください」

置く位置もそこでないと駄目で、ほかの場所だと立って取りに動かなければなりません。

食卓の下にそんな不細工なものを置いてある家庭はあまりないでしょうが、父は見かけよりも機能第一の人です。

「俺の家だ。俺の好きなように置く」

と主張するのです。

寝室の枕元にも常にメモ用紙が置いてありますが、父の場合、これが巻紙スタイルになっています。

シートのメモ用紙では、書いてはぎ取ってしまうと、うっかりどこかの隙間に落ち込んで見失う危険があります。父は探すのが面倒くさい人でしたから、そうならないようにと、紙を糊でつなげて巻いてしまったのです。

巻紙にはボールペンも一緒に巻き込んであって、夢の中でひらめきが浮かぶと、夜中でもパッと手に取って書きつけます。暗闇の手探りで、大きい字で書いておくのです。

暗いのが嫌いな父が、この夜中のひらめきの時だけ照明をつけないのは、明るさで目が醒めきってしまうと、夢のお告げが消えてなくなるからだそうです。暗がりで書くため筆跡は大乱れで、改めて朝に読み直しながら「これは何と書いたんだったか……」と判読に悩んでいることもありますが、一部でも読めればどうにか思い出せたようです。

夢のお告げといっても、今書いている原稿のアイディアや新しい本の構想といったものから、「明日、○○さんに電話をかけないと」といった個人的な連絡事項まで、様々です。そういうことまで、父は夢に見たようです。

ただし一晩に何度もそういうアイディアが浮かぶと、同じ箇所に重ね書きしてしまう恐れもあります。そこで父は、メモを書いたらその部分は右に巻き取り、次は左側の巻きだけほぐせば必ず白紙が出る、という独自の形式にセッティングしていました。

朝起きたら、この夢のお告げの巻物を切り取って二階の書斎に持ち込み、コックピットのメモ用空き缶に納めるもの、畳に並べるもの、この日のうちに手を入れるものなどに仕分けするのです。

そうして今日もまた、コの字のこたつコックピットで執筆を始めるのです。

刃物研ぎはサムライの仕事

父の「七つ道具」には、特に大層な道具が入っていたわけではありません。

右目の視力がおぼつかないので、必須の暗闇対策のための各種懐中電灯にマッチとろうそくはもちろん、情報や思いつきを書きつけるための筆記用具、メモ用紙や附箋。はさみやナイフ、千枚通し、穴あけ用のパンチ、つまようじ、テープ、接着剤などの工作用具。何かをちょっと修理するためのピンセットや針、糸。それから予備の眼鏡に予備のカギ、虫眼鏡、小型手鏡、レンズ磨き用の布など。要は、「常時なくてはならないもの」という観点で選ばれた道具たちです。いわば、父の選りすぐりの実力派の精鋭たちが、目薬や絆創膏、コットン、綿棒、ガーゼといった救急隊員とともに待機しているのです。

道具の種類こそ平凡ですが、同じ道具を用途別に何種類も揃えていました。例えば、はさみ一つでも、先の細いのから太いのまで、刃の長いのから短いのまでを各種取り揃え——という具合です。

道具好きといってもコレクター性はなく、ひたすら実用本位で高価なものはありません。ただしすぐに壊れるような造りの悪い物は避け、またいい造りのものでも、使い心地を試して使いにくければ「七つ道具」から強制退去させられ、もっと使いやすい新顔が着任していることもあります。

もっとも道具の中でも刃物だけは別格です。刃物には、サムライの血に訴える何かがあるのでしょうか、「七つ道具」のナイフにしても、先のとがったものから丸いものまで、実にいろいろな種類が入っています。

初めての海外旅行でメキシコに寄った時には、彫刻の入ったナイフを私へのお土産に買ってきてくれました。七センチほどの柄に折りたたまれたナイフの刃は、私の小指ほどの大きさで、コーヒー色の柄の縁に糸状に埋め込まれた金属はナイフの刃と同じ美しい金色です。

父は、「日本刀同様、刃物研ぎは男の仕事だ」と言って、家じゅうの刃物を研ぐのが上手でした。はさみから包丁から、私の彫刻刀セットまで、こまめに研いでくれました。

「これは便利」の箱

父と道具について、特に思い出すのは、「七つ道具」とは別に、「これは便利」という箱があったことです。

ふたに「これは便利」と、大きく書き込んであるのです。

父が使ってみて、

「お、これは便利」

と思ったらしい道具が、その中には入っています。

ちょっと使ってみたら便利だったもので、常時必要ではないので「七つ道具」に入れておくほどではないけれど、手元には置いておきたい、そういうものです。例を挙げれば、木工用の接着剤はよく使うので「七つ道具」へ、水回り用やセラミック用などの特殊な接着剤は「これは便利」の箱へ……といった分類になっています。「七つ道具」のようにしょっちゅういるものではないので、食卓の父の席の後ろの大きな戸棚の見えるところに置いてありました。

「これは便利」の箱は、その時々でプラスチック容器だったりお菓子の空き缶だったりし、中身もスカスカの時もあればギチギチ詰まっている時もあります。いったんは「これは便利」と思って取っておいても、しばらくたってやはり要らないと判断すれば、古くなって品質が変わってしまったものはさっさと処分したり、捨てるほどのものでなければ、奥の納戸に「お引き取り願う」と言って片づけるのです。

家の近くに「ひさご屋金物店」という荒物屋さんがあって、父は通るたびに顔を出しては、「これは便利」を探していたようです。

父が亡くなってからご挨拶にうかがうと、父の長年の読者だった店のご主人は笑ってこうおっしゃいました。

「ごひいきにしていただいてねえ……よく寄ってくださって……お名残惜しいです」

自分の道具はより良く細工する

父にとって道具とは、使えてなんぼのものでした。

「撃てないピストルはただの鉄くずだ。いつでも撃てるようにしておけ」

使った道具は元の状態にして、元あったところに戻すこと。必要ならば洗い、減ったものは補給し、壊れたところはすぐに直しておくこと。大切なことであり、当たり前のことなのですが、本当のピストルではなし、父にしつけられても、私はよく手を抜きました。

道具を管理する訓練の一つとして、父の靴の手入れが、小学校に上がってからの私の朝の仕事でした。磨いて、つま先を外に向けて揃えるまでが、私の任務です。父は出かける時に靴がすっと履けるのが好きで、その靴がピカッと光っていればさらに嬉しいのです。

毎日の日課だったのに、うっかり者の私はつい忘れてしまいます。玄関脇を通る時にはっと気づき、父が来ないうちにと滑り込みで磨いて揃えて、「間に合った！」と振り返ると、父がもう真後ろで見ていて、まあ、何とか気がついてやり遂げるだけましだと、笑って出かけていくのです。

靴下にも海軍時代からのたたみ方・揃え方があって、父の洗濯物の世話をするようになってからは、亡くなるまで同じようにしたものです。

靴磨きは訓練も兼ねて娘にさせますが、父は道具の手入れや修復の作業が嫌いではなく、特に使いやすく加工するのは、大好きでした。例えば、道具の柄がつるつるしていたら、刻みを入れて握った時に滑らないようにするとか、そういった工夫を施すのが好きなのです。

戦時中も、例えば航法器などは、海軍の航空部隊から渡されたのを、自分なりに使いやすいように工夫し、片手で作業がこなせるようにひっかかりをつけるなどの細工をこらしたようです。

これを聞いた戦後生まれのファンから「それほどの工夫までされていたんですか、面白いですね」という感想が来たのですが、父に言わせれば、

「面白いも何も、命がかかっているから真剣でしたよ」

左手で地図を押さえて右手で航法定規をあてて……とやっていたら、それだけで両手がふさがってしまい、肝心の操縦ができません。

父は護身用として私に懐剣を渡してくれたのですが、それにも使いやすい工夫をしてくれ

ていました。

もし、夜中に侵入者があり、懐剣で戦わなければならない時、暗闇で鞘を払って、うっかり刃の方を投げ捨ててしまうと、鞘で戦わねばならなくなり大変です。父は鞘のほうの端にぐるりと刻みを入れ、暗闇の手探りでも、どちらが鞘でどちらが柄かが分かるように細工してくれました。うっかり者の私でも、これなら目をつぶっていてもとっさにどちら側を握ったのかが分かり、即座に戦いに臨めるというものです。

アメリカのわが家に来るたびに、父はこの懐剣をチェックし、湿気の変化で鞘が抜きにくかったり、また逆に緩すぎたりしていると、その変化を指摘するので、「はい、気づいております」と私。

道具は、きちんと手入れされていれば従来の力を発揮できる。あとは、使う側がその力を百パーセント用いればいい——。使う機会がなくても（侵入者には、そうそう来てもらうわけにはいきませんが）ひと月に一度ぐらいは抜いて油をひいておけと、指南されたものです。

「はい、欠かさずしております」

せっかく直すならプロ並みに

道具で重要なのは、使って目的を達成できるかどうかです。そのため父は、同種の道具でもいろいろなものを試して、最も目的達成度が高いものを選び出しました。「七つ道具」や

「これは便利」の箱には、父の目にかなった実力派だけが加盟を許されていたのです。

父は、空戦中に歯を食いしばるたびに歯ぐきが緩んでいくのを感じており、五十代で思い切って総入れ歯にしたのですが、例えば、入れ歯安定剤でも、市販されているものを全部買ってきて、どれが一番かを検証します。順番に製品を替え、保持力や耐久性を調べるのです。

入れ歯安定剤を検証した結果、

「この中では、S社のがいいな」

そう結論すると、これも戦友のよしみというのでしょうか、同じように入れ歯に悩む知り合いたちにすぐに電話して、最新の検証結果を報告し、互いの情報を交換します。

またある時、歯科技工士用の道具を注文して揃えたことがあります。入れ歯の土手を微調整したかったので、プロ用の電動やすりをサイズや粗さを取り揃えて買ったのです。一般のやすりでは、粗すぎて思うようにいかないと言うのです。

私から見れば、そこまでするなら、歯科技工士に頼んで、さっさと入れ歯を調整してもらえばいいと思うのですが、

「これ以上は感覚の問題で、説明のしようがない。口の中ではコンマ一ミリの違いも大きく感じる。自分の歯ぐきと入れ歯の間に、けし粒一つでも入り込んだら、どれほどの痛みか。お前には、合わない入れ歯を使う者の苦しみは分からん」

そう言って、自分で調整するために、わざわざ道具を揃えるのです。

でも、そうやって手に入ったのは、電動やすりの刃先だけで、動力部分がありません。さて、どうするか。そこに知恵を絞るのも、父の密かな楽しみです。

自分の道具箱には、電動のドリルやドライバーがあるので、やすりの頭をそこにつければ良いのですが、メーカーの違う道具同士はサイズの基準が揃っていないので、なかなかきっちりはまりません。一般人はそこで諦めてしまう。ところが、父はここ一番の粘りを見せてくれます。合わない両端か一方に細工を加えて、何とかきっちりかみ合ってくれるようにしてしまうのです。

そして、ゆっくり腰を据えて、歯の調整に取りかかるのです。

「道子の道具箱」

父は、私にも「道子の道具箱」というのを作って、渡してくれました。これは、「亭主が不在でも、これぐらいは自分でやれ」という教育も兼ねています。

種類こそ一般家庭用によくある道具ですが、そこは父のこと、トンカチだけでも、五寸釘を打ち込めるような大きなハンマーから、曲げてはいけない繊細なものを打てる小さい工芸用の金槌まで、ドライバーも、プラス、マイナス、力を込めないと回らない一センチもの幅のあるものから、眼鏡修理用のごく細いものまでと、各種取り揃えられています。

棚を作る時に水平かどうか分からなければいけないだろうと、水準器も十センチぐらいの小型のものから五十センチもある大型サイズまで入っています。私たち夫婦が住んだ家屋は安普請で、床が傾いているようなところもあり、床から測って棚をつけると、かしいでしまうので、実際に使ったことがたびたびありました。

水準器に限らず、計測用の道具は、値がはっても一級建築士が使うようなものを揃えてくれました。

「コンパスに誤差があったら、円が円でなくなるじゃないか」

そうはいっても、正しく真円を描かなければならない事態は、私にはそうそうはありませんでしたが、今でも私の画材道具の中で、万が一の時を待って鎮座しております。

わざわざ日本から、のこぎりを持ってきてくれたこともあります。

アメリカののこぎりは押して切るタイプがほとんどで、日本の引いて切るのこぎりに慣れている私には、使いにくいということを、父がアメリカに来ていた時に話したら、帰国後さっそく、日本ののこぎりを送ってくれました。

その後、またアメリカに来た時、父がスーツケースから取り出したのは、前に送ってくれたのより、さらに大きなのこぎりです。

父が説明するには、前に送ったものは当座のもので、輸送の途中で紛失したら悔しいからと、父のお眼鏡にかなったものを送れなかったとのこと。自分で持ってきてくれれば大丈夫と、スーツケースに入るギリギリまで大きいサイズのものを、持ってきてくれたのです。

父はその後主人に「いかに日本ののこぎりが素晴らしいか」を力説していましたが、それにしてもこんな巨大のこぎり、よく荷物検査でひっかからなかったものです。

染みついたパイロットの感覚

自ら飛行機を降りた父

終戦で、父は下士官からの叩き上げの自分が期待もしなかった特進の中尉の位を失い、戦闘機パイロットという職もなくなりました。当時、父のような特殊な戦闘員だった者には、就いてはいけない職業の規制もあり、戦後の仕事探しには苦労しています。

航空部隊出身の知り合いからは、民間で飛行の仕事を続けるので「坂井もどうか」と、お声がかかったこともありました。父の操縦技術は、戦闘機で飛ばないまでも、高い評価を得ていたのでしょう。

父がそういったお誘いを断った理由の、第一には、視力の問題があります。民間で飛行機を操縦するには、視力検査に通って、パイロットの免許を得なければなりません。父の右目はようやくものの輪郭が分かる程度で視野も狭く、普通にテストを受けたらまず合格しません。

もっとも技術者が足りなかった当時のこと、その視力でも十二分に操縦できたという戦時中の実績を推薦していただければ、免許取得の特別許可も下りたかもしれません。しかし、民間パイロットは乗客や貨物の輸送が任務で、また教官として職務に就けば練習生の命を預かることになります。父は、自分の視力ではその責務を果たせない可能性も大として、特別扱いに甘えてはいけないと判断したのです。

もう一つの理由は、これは私の想像ですが、もし民間でパイロットになったとしても、以前のように自由に飛行機を飛ばせないと考えたからではないでしょうか。戦闘機乗りのように自在に機体を操るような飛行は、プロのアクロバット飛行家でもない限り、民間ではもうできません。

航空学校の幹部にというお声もありましたが、父としては、現場の教官として実際の飛行ができないなら、自分でなくても、他にふさわしい方は多くおられると思っていたのではないでしょうか。結局、航空関係のどのお誘いもお断りしてしまいました。

私が見る限り、飛行機から離れたことについて、父は非常にさばさばとしており、

「いやあ、やりたいことが他にもいっぱいあったからな」

これは父の本音でもありました。

航空部隊で父の後輩だった方が、民間でセスナ機の航空学校の教官をなさっていました。父は、時々その方に会いに行って、お茶飲み話のついでにちょっと飛ばせていただく、とい

うことをしていました。ライセンスのない父でも、飛行訓練という名目でなら飛べたのです。

空に舞い上がったら、教官は「You have」と操縦を父に切り替えて、父の気の向くままに飛ばせてくれます。離着陸はライセンスがないとしてはならない規則ですが、父の腕を知る教官は「たまには離着陸もやってみますか」と言ってくださいます。律儀な父は「いや、やめておきましょう」と辞退していました。

「今日は楽しかった。いい気持ちでした」

その後は、好きな飛行機談義をして帰ってくる――それが、戦後の父と飛行機のつきあいでした。

海外では、エアショーや戦闘機コレクターから招待を受けることがしばしばありました。復元された零戦が出品される時は、大抵父が呼ばれるのです。そこで写真撮影のためにコックピットに座ったりもしましたが、どんなに勧められても操縦はしません。

アメリカでも現役パイロットが同乗していれば飛べたでしょうが、同乗パイロットとのやり取りも管制の指示も英語ですから、緊急事態に即応できないということで、決してそうすることはありませんでした。

ただし、軽量飛行機など、自分が操縦したことのない飛行機と出合うと、ツーシーターで訓練用の切り替えが完備しているのであれば、特別招待で操縦したことはあったそうです。

「これはなかなか飛びやすい飛行機ですね」

父の語るコメントが、地元新聞や航空専門紙に載ることもありました。

セスナ操縦のチャンス

私が高校生の頃、父の知り合いの航空学校で、四人乗りセスナ機に家族三人で乗せていただいたことがあります。

父はいつもどおり操縦をやらせてもらい、

「坂井先輩、さすがですなあ。全然忘れておられない」

「いやあ、セスナが操縦しやすくできているから」

謙遜しながらも、楽しそうです。

その時、パイロット教官がこちらを向いて言いました。

「道子ちゃんもやってみますか？」

父の顔をうかがうと、「やってみればいい」という答え。同乗していた母はさすがに心配そうな顔になりましたが、父の方は自分の娘の操縦センスがどんなものか見てみたかったのか、どうせいつかやらせるなら自分が一緒の時がいいと、判断したようです。

「うわあ、嬉しい！」

こんな幸運はまたとありません。まず一度着陸して私は練習生の席に移り、地上で基本計器の読み方、操縦桿や方向舵フットバーの操作を、教官から簡単に説明されたところで離陸。

まずは、水平巡航をしてみるようにと言われ、「はい、You have!」、私に操縦が切り替わりました。

途端に機体はグラリ、傾いてしまいます。プロペラの回転で、偏向力がつくせいです。水平儀を見ながら立て直そうとすると、やりすぎて今度は反対側に傾いてしまいます。戦時中の父は、友機との交信に左右の翼を小刻みに振る「バンク」を当たり前のように使っていますが、私がいざやろうとしても、機体がグラリグラリと大きく傾きすぎて、程良いバランスが保てません。

水平を取ろうと必死に計器をにらんでいたら、父の声が、

「周り、見て！」

はっと前方の窓を見ると、視界に入った都心のビル群の位置から、自分の機体がふらふらと高度を落としているのが初めて分かります。機体が傾くと、航空力学的には揚力が減るため、自然に高度が落ちてしまうのです。

「このままだと、ビルに突っ込んじゃうぞ」

物騒なことを言う父の声が聞こえてきます。

旋回で避けようと回り始めると、ますます高度は低下していきます。機首を起こそうとすると、これもまたやりすぎたのか、父が、

「宙返りする気か、お前は。こんな低速じゃ失速するぞ」

「面白いでしょう、道子ちゃん、やってみますか？」と、教官が言うと、

「いや、それは止めときましょう」と父。

教官と父が落ち着いて話しているのを聞いて、これはそれほど大変なことにはなっていないらしいと、私はちょっと楽観的です。

飛行機は度胸で飛ばすものではない

ともかくも緩やかに旋回し切り、水平から高度を上げたら、「なかなかうまい」とおだててくれた教官が、「もう少し何かやってみれば」と勧めてきました。

「じゃあ、宙返り、やってみようかしら」

何しろ小さい時からそんな話ばかり聞いているので、パイロットなら誰もがしてみるものと思ってしまっています。

そんな私の心の中を察したのか、母は心配になったらしく、「お父さま、もうそろそろ……」とこそこそ言うのが聞こえます。でも、父は「やめろ」と言わないし、教官は素人がふらふら飛ぶのには慣れていらっしゃるのか、平気な顔をされています。私としては、教官と父が二人して見守ってくれているのですから、これほど安全で安心な機会は他にあり得ません。危なければ止めてくださるだろうし、やれることはやってみようと、いよいよ決心しました。

宙返りって、いったん急降下して、機速をつけてから急上昇へ移ればできると、確か父の本に書いてあったはず。

そう思った私は、機首をぐっと下ろしました。

途端に、教官が「それでは駄目かなあ」。さすがの父も「このままだと失速するぞ」と。そこで機首を上げると、

「機首上げだけじゃ駄目だ、スピードも上げろ！」

私はその指示を一所懸命こなしながら、「とっても忙しいことなんだわ、飛行機の操縦って」と、的外れのことを考えています。

結局、人生初の宙返りは実現されることなく、「もうそろそろこのへんで」という父の言いつけどおり、着陸となりました。教官は涼しい顔で私に飛行機の操縦を学ばないかとおっしゃいましたが、父に即座にさえぎられてしまいました。

「いやいや、こいつはくそ度胸だけで、ちょっと無鉄砲すぎますから」

残念でした。

後で「お父さまがいつも話してくださっていることをやってみただけよ。願ってもない機会でしたもの……」と言うと、父はニヤニヤしていました。

「お前、普通はあんなことまでしないよ」

「だって、お父さまがお止めにならなかったから」

「どこまでやるか、見ていたんだよ」

そして、「飛行機は度胸で飛ばすものじゃない」と、釘を刺されました。私はまだ思慮に欠けていて、緊急事態に対応できる人格もない、というわけです。

けれども私は、父がこうも言ってくれたことで、少し誇らしい気分でした。

「俺の娘だからか、適性は高いかもしれないな」

わが家の天気予報

父の視力ではパイロット免許は取れませんが、私がまだ幼い頃、一番星を見つける競争では、大抵は父が勝ちました。

これには実はからくりがあって、父には金星の動きがあらかじめ分かっているのです。飛行中は星だけを頼りに飛ぶこともあり、命に関わることなので、航空部隊、特に単独で飛ぶ戦闘機乗りは皆必死で天体を勉強したそうです。戦後になっても、父にとっては夏至や冬至、春分、秋分などは単に、カレンダー上での日付ではなく、天体そのものを日頃から把握し生活していました。

そういう父ですから、今日が何月何日で今の時刻を把握すれば、金星がどのへんにあるかが分かります。そこでその方向に目をこらして、宵の明星を見つけては、

「そら道子。一番星だ」

と、やるわけです。幼い私は天体のことなど分からず、空全体をぐるぐると探しています
から、勝ちようがありません。

夕方、私を乗せてスクーターで町を走っている時も、父は「もう×時になるか」と言い出
します。手はハンドルを握ったままで腕時計も見ないのに分かるのは、日照時間の変化を毎
日意識しているので、その時の太陽の位置から、「昨日の日没が何時だったから、今の時刻
は何時何分ぐらいだ」と、かなり正確に計ります。

天文ファンとは違って星座にはほぼ無頓着で、興味を示すのは、北斗七星とカシオペア座
ぐらい。これは方位の指標である北極星を見つけるためであって、旅行で海外のどこを旅行
しても、北極星だけはすぐに見つけていました。

「久しく南十字星を見ていない……。おい、オーストラリアに行ってみようか」

父と二人で赤道を南下して、一緒に南十字星を眺めてみたかったと思います。

自然現象から、天気を予測するのも得意でした。夕日の色を見た父が「明日は晴れだぞ」
と言えば、絶対晴れます。天気予報を見るのが好きで、朝の食卓では必ずテレビをつけます。
けれども、テレビの予報が雨だと言っているのに、

「お前、今日は傘はいらないぞ」

「でも、お天気おじさんが傘を持っていったほうがいいって」

「要らない、要らない。持っていってもいいけど、無駄だ、無駄」

そう父が言う時は、傘を持って出ても本当に無駄で、使わないまま紛失して帰り、「だから言っただろう」と笑われたこともあります。

これも勘ではなく、航空部隊では、いつも気象を観測して予測することは必須だったのです。飛んでいる最中に嵐に遭遇することは避けたい。もし巻き込まれたら、風がどの向きにどのぐらいの強さで吹くのか、雷雲がどう流れるか、どの方向へ飛行機を飛ばせばいち早く抜けられるかなど、編隊の隊員だけで判断しなければなりません。そして、戦闘機乗りは最後にはいつも独りです。

気象観測と予報の専門部隊は軍の本部にもいて、前後数日間の天気の移り変わりと予報の情報が出されたそうですが、父が配属された南方戦線はスコールなど局所的な天候変化も多く、現場のパイロットはその場で即座に対処しなければならなかったのです。

私と朝の天気予報を見ていても、台風情報を見ながら、「このあたりまで接近するから、雨靴を履いていけ」などと言い出します。気象予報士が気圧配置図をもとに別の進路を予測しているのに、

「そんなことはない。絶対にこっちへ来るぞ」

同じ気圧配置図を見ながら、なぜ違う予測が出てしまうのかは謎ですが、父がそう言う時は、台風は絶対にやって来たのです。

寿命の数しか桜は見られない

父とは朝食をいつも一緒に取っていましたが、私が小さい頃は、多忙な生活の中でその時間をやりくりしていたようでした。その頃のわが家はまだ経済的に苦しく、父は印刷の仕事以外にも夜間もいろいろな仕事を入れていたようで、寝る暇がないほどの時もありました。それでも、たとえ夜明け近くとも、朝までに一度は必ず家に戻ってきていて、朝ごはんは私たちと一緒に済ませ、「行ってらっしゃい」の笑顔を見てから、私が磨いた靴を履いてまた出て行くのです。

そういう忙しい毎日を送りながらも、父は常識以上の非常に長い時間感覚を持っていたように思います。

「宇宙全体の無限とされる大きさを想うと、人一人の存在など砂一粒のようだし、人の一生なんて星の瞬きだ」

そういう感覚でいると、自分の人生はとても限られた時間です。よくこんなことを言っていました。

「六十歳まで生きたって、六十回しか桜が見られないんだぞ」

人間の寿命はどんなに保たせても百二十五歳。病気や事故でいつ寿命が中断されるか分かりません。桜の開花は毎年あると思っていても、一年に一回しかないことは、最も多くても寿命の数しか見られない、——そう父は言うのです。

戦時中は、時間も物資も限られた中であっても、なすべきノルマだけは厳然としてあるという状況でした。このため、事態を複雑にしないで、いかに単純によりよく戦果を挙げるかというのが、父たち戦闘員の命題でした。しかも、できる限り生還しなければなりません。一瞬間に四方八方、上下にも目を配るという時間は、私には想像ができないほど濃密であったろうと思います。

それが平時の世の中になると、時間の使い方が雑になります。のんびりできる平和な世になった点は素晴らしいけれども、それに慣れてしまうと、時間を無駄に費やす傾向が出てきます。父はそれをもったいないと感じていたようです。

そのせいかどうか、父は体の中に時間の絶対軸を持っていました。これをわが家では、「お父さんの腹時計」と呼んでいました。

例えば目覚まし時計というものを使ったことがなく、たとえ睡眠時間がとても短かった時でも、決めた時間の十分ほど前にはパッと目覚めているのです。この感覚は私にも受け継がれたらしく、起きようと思った時間が近づくと、何となくむらっと来て目覚めます。私はさすがに念のため、目覚まし時計はかけてはおくのですが、ベルの鳴る十分前までには、やはり自然に起きていることがほとんどです。そして、目覚めた途端に、思考も体も起きてくれるのです。

父から受け継いだこの寝覚めの良さは、数少ない私の自慢です。

父の腹時計

海外旅行に出かけると、父の腹時計は、到着の瞬間から現地時間へとリセットされます。飛行機が着陸体勢に入った途端、父は腕時計を現地時間に変えてしまいます。父が言うには、現地に行ってまで「東京は今、×時だな」と気にするから、自分で自分を疲れさせるのだと言います。

「ハワイにいるならハワイの時間で過ごせ。ハワイに東京の夜は来ない」

今、直接関係のない日本のことなど忘れて現地時間に飛び込んだほうが、父に言わせれば、ずっと単純で面倒くさくないのです。

戦時中、日本の戦線は中国大陸から南方まで広く展開していましたから、各前線と東京との経度差を飛び回っていた父たちには、大本営の司令本部が何時だろうが、どうでもよかったのです。

「出撃だ。五分以内に離陸せよ。」

そう言われて、飛び立つだけです。そういう中では、自分の時間感覚をなるべく単純にしたほうが、現状に適応しやすかったのです。父たち航空部隊の担当空域はとても広大でしたから、西へ西へと飛び続ければ、機内で何時間かを過ごしても、離着陸の現地時刻にほとんど差がないこともあります。

私は父と一緒に旅をして、航空関係の行事で、太平洋戦争中に航空部隊におられた方々のお世話をしたことが何度もありますが、翌朝の集合時刻をお知らせしておけば、十人が十人、約束の時刻の前に準備万端、ロビーで待っておいでででした。その前日も関係者の会見が長時間あったり、ファンに応じてのサイン会では夜遅くまで頑張ってくださったり、とても多忙な日程なのに、次の日の出だしに遅れるような方は一人もおられませんでした。

あれは戦時中の訓練のたまものなのか、それとも時間に対する気迫が違うのか、遅れては一大事と緊張して走り回る私を、毎朝笑顔で迎えてくださったものです。

毎朝の誓いと「海軍五省」

父は朝起きるとすぐ、窓の横にかけた鏡に向かい、そこに映る自分の目をしっかり見ながら、次のように宣誓します。

「今日も元気で起きられたことに、感謝します。今日ももりもり働きます」

毎日同じ文句です。とても大きな声で言うので家中どこにいても聞こえ、一階にいる家族たちは、「そら、『今日も元気』が始まった。お父さまがお目覚め……」と、父の起床をその声で知るのでした。この後に何かその日ごとの目標のようなことを言っているらしいのですが、これはこしょこしょと小さな声になるので、内容は私たちには分かりません。

とにかく今日も起きられて、元気だということに感謝する——。今日で命がなくなるかもしれない生活を送ってきた人なので、今日の命があってまた一日生きられることへの感謝の思いが強かったのです。

私もそうしなさいと命じられたので、小学生の時から毎朝顔を洗う時に、洗面所の大鏡の中の自分に向かって「きょうもげんきで——」と唱えました。この習慣は、今も続いています。

感謝を唱える時に父がのぞき込む寝室の鏡の横には、十センチ四方ほどの小さな貼り紙がしてあり、何かの文章が書き込んでありました。小さい頃の私は、それが何なのかを気にしていなかったのですが、父の老眼が進んでもっと大きな紙に墨で書き直したのを見て、それがいつも父の側に書かれてあったものだと気づきました。

「海軍五省（ごせい）」でした。

至誠に悖（もと）るなかりしか
言行に恥ずるなかりしか
気力に缺（かく）るなかりしか
努力に憾（うら）みなかりしか
無精に亘（わた）るなかりしか

父はこれを胸に刻みつつ、終戦後も毎日を送っていたのではないでしょうか。

危険回避の心構え

自分の怪我は自分で治す

父は老齢になっても、家に設置した鉄棒で軽々と懸垂を披露するほど、体力自慢でした。

健康には常に気を配っていて、空戦中の負傷で視力の落ちた目を大切にするのはもちろん、帰宅後のうがいと鼻腔洗いも欠かさず、風邪をひいたところを見たことがありません。体質的に頑強で化膿もしにくかったこともあるのでしょうが、まれに病気になっても、むしろひどくなる前に自分で処置してしまうのです。

戦時の最前線は軍医の手が足りないので、大怪我でなければ治療は後回しです。軽傷の者は自分で止血も消毒もしてきたのですから、手当の基礎は分かっていて、「このぐらいなら医者にかからなくても大丈夫」という見極めもできたのだと思います。

実のところ、父は人に体を触られるのはあまり好きではなかったようです。たぶん、他人に任せてどうにかなったら悔しいと考えていたのではないでしょうか。「自分でやっておけばよかった」と後悔するより、できるなら自分でするほうを選びたいのです。

どう見ても軽傷に見えない怪我をしてきた時など、「やはりお医者さまにいらしたら……?」と母や私が勧めても、「いや、骨は折れてないようだから」。さすがに骨折は医者にかからなければ駄目だと思うようですが、触って骨が大丈夫なら、自分で止血や消毒、当て布をしっかりして、医者なしで済ませてしまいます。ただしこれは父本人に限ったことで、母は病気がちで、私も小さい頃はひどい喘息もちだったので、しょっちゅうお医者さまに往診を頼んでくれていたのです。

父は手当好きなせいか、私も応急処置は小さい頃から随分教え込まれました。絆創膏の取り替え方などの技術面もそうですが、父のことですから、応急処置の本質を教え込もうとします。

「なんでそんなでかい絆創膏をするんだ。傷はここだけなんだから、ここだけふさげばいい」

出血が過ぎると死ぬのだからまずは止血をしろ、血は心臓から送られてくるのだから心臓に近い方を押さえろ、汚くしておくと膿むから傷口はきれいに洗えなど、処置の核心となる部分を教えてくれるのです。

何かで吐き戻した時も、さっさと自分の手で始末しろと言ってきます。

「いやだあ、こんなもの、手でするなんて」

「何が汚い。さっきまでお前の胃に入っていたものだろう」

ゴム手袋を取りに行けば汚れが拡がるだけだから、その場で素手で済ませたほうが早いし、かえって始末は楽だ、などというのです。

「あとは、手をよく洗っておけ」

その手の洗い方が足りないと言って、また叱られます。

私が三～四歳ぐらいだったか、鼻をかむのにチリ紙がないと言ったら、「何言ってるんだ、お前」という顔をされたことがあります。

「馬鹿じゃないのか。手でかめ」

「お鼻、手でかんでいいの？」

「お前、足でかめるのか？」

「かんだあとはどうするの」

「手を洗えばいいだろう」

父はそういう人でした。根本的に、目的を確実にかつ速やかに達成できることが重要であって、やり方をややこしくするのは馬鹿らしいと考えているのです。

娘の怪我も「自分」で治す

自分の身体は医者にも触らせない父ですが、娘である私が怪我をすると、やたらと手当をしたがります。

「見せろ」

「やだあ、お父さまがすると、痛い」

 母は、父の腕よりはやはりお医者さまを信用していますから、「いじると、悪くなってしまいませんか」と横から心配します。

「うるさい。俺はちゃんとやってるんだ」

すりむいた膝小僧を水でジャバジャバ洗われ、消毒液も同じぐらいジャバジャバかけられ、絆創膏を貼りつけられます。「痛いー」と言っても、お構いなし。

「怪我しているんだから、痛いのは当たり前だ！」

よその親御さんのように、「痛くない痛くない」といった気休めの慰めは、一切言ってくれません。痛いに決まっているのだから「痛いぞ」と言い切って、

「こんな傷、頭を撃たれたまま飛ぶことに比べたら、ずっとましだ！」

と言い出します。機銃射撃で頭を撃たれながら、傷に絹のマフラーを自分で押しつけたり、詰めたりしながら、独りきりで五時間近くも飛んで戻った人の言葉ですから、反論できません。最後は、「泣くな、士族の娘が！」と一喝です。

「傷をいじるな」という父の言葉を破って私が傷口を化膿させてしまうと、父は毎日膿の様子を観察し続け、ついにある日、「今日あたり膿を出したほうがいい」と言い出します。

膿を出すって、今度はいったい何をされるの……？

不安な私をよそに、父がおもむろに持ち出したのは、針です。それを火であぶり始めたのを見て、私は子ども心にも「これはえらいことになった」と思っているのにも頓着せず、父は「これよりいかに膿を出すかを教える」と講義を開始します。

私の方も、針が出てきたことにぎょっとしたものの、いざ処置が始まれば意外に大したことがないため、涙も乾き、父のやり方を興味深く眺めるようになるのです。

靴ずれで水ぶくれを作って帰ると、またしても針が登場します。

「針を肉に刺せば痛いが、水ぶくれは皮膚が離れているから痛くない」

と、またも講義は続き、そして、処置の開始です。

「これは本当に痛くない。俺を信じろ」

「……はい、信じます」

まさに軍隊の上官と部下の世界です。

父としては、傷の正しい処置を娘に教えたいのでしょう。でも教えるために、私に怪我をさせるわけにはいかないので、娘が怪我をしてくると、「待ってました」とばかりに手当を始めるのです。

瀕死の怪我を自力で処置した経験がありますから、父は少々の怪我では慌てません。私も、父が慌てていないうちは、大丈夫なんだろうと感じていました。

私も自ら子育てをした時、子どもたちが怪我をしても慌てることなく、「さあ痛いわよ、でも怪我しているんだから、痛いのは当たり前！」と言いつつ処置していました。子どもたちもあまり動転していなかったようなので、大きくなってその訳を聞いてみたら、

「だって、お母さんが慌てていないうちは、大丈夫かなって思っていたから」

こうして育った私の娘は、看護師の道を選び、現在、小児病棟に勤務しています。

身についていた応急処置

傷口の処理や止血の方法を日常見せられていたためか、私は怪我を見てもむやみに恐れたりしなくなりました。学校でクラスメートが怪我をしたり吐いたりしても、一向に平気で処理してしまったりするので、いつの間にかクラスの常任保健係のような立場になっていました。しかし私自身もクラスの皆も幸い、止血が必要なほどの大怪我に遭わず、父の教えを生かす機会はありませんでした。

しかし社会人になって勤め始めたある日、父から仕込まれた応急処置の腕前を、発揮する状況が訪れました。職場にあったビール瓶が、仕事納めの忘年会の最中にどうした弾みか破裂し、運んでいた上司の手に突き刺さったのです。見れば、親指と人差し指の間にガラスの破片がざっくりと刺さり、どくどくと血が流れ始めています。

怪我をした御本人はショックで蒼白、周囲の同僚は「きゃあ」と悲鳴を上げて後ずさりす

るばかりで、何もしない様子です。仕方がない、私が出るしかありません。

「Tさん、大丈夫ですか？」

返事がありません。どうやら血を見た途端、驚いて、頭の中が真っ白になっているようです。とりあえずは給湯室のタオルでその血と傷を覆って隠し、「手を心臓より上に上げていてくださいね、出血しにくくなりますから」と助言します。

さて、本格的に止血するにはどうしましょうか。止血帯代わりに使えるような紐が、周囲には何もありません。あ、そうだ、いいものが見つかりました。

「Tさん、その靴紐を借りますね」

抜いた靴紐で手首をぎゅっと縛り、改めてタオルを外してみると、開いた傷口の真っ赤な血の中に白いものや黄色いものが見え隠れしていますが、破片の刺さり具合は案外浅いようです。これなら抜いても大事はなさそうです。

「給湯室に行って破片を抜きましょう。言っておきますが痛いですよ。ホント、痛いですからね！」

「……はい」

背後に立つ上司の腕を私の脇に挟んで、手首を左手に握り、水道の水をかけながら、傷を開き気味にしつつ破片を抜き取ります。そこへようやく同僚たちが呼んだ救急車が到着したので、また別のタオルで今度は傷をくっつけ合わせるように押して包み込みました。この頃には落ち着いて口がきけるようになった上司は、病院へと運ばれていきました。

後で思い返すと吹き出してしまいますが、その時の私はまるで父のようでした。

「今、何がなされるべきか」

それだけを考えて、動いていたのです。

愛娘を守る父の実践法

私が大怪我もなく育ってこられたのは、父が危なそうなものをあらかじめ取り除いてくれていたためでもあります。

私がよちよち歩きの頃、わが家では、簞笥（たんす）の引き出しの取っ手が、全て金具から紐に付け替えられていました。私が転んで倒れ込んでも、特に顔や頭に怪我をさせないためです。ちゃぶ台等の角をタオルでくるんであるのも、目的は同じです。また、引き戸が完全に閉まらないように、間に消しゴムを一つ挟んでおくのは、風で勢い良く閉まった時に指がはさまらないための用心です。

海水浴に行く時は浮き輪代わりのタイヤ・チューブを持っていくのですが、私がすっぽり抜け落ちないようにと、穴の部分にロープが架け渡してあって、ネットのようになっています。浜辺では、貝殻や小石で足の裏を傷めないように、分厚い靴下を履かされました。

父のスクーターに一緒に乗る時、私はハンドルを持つ父の両腕にすっぽり入るように立たされているのですが、眠くなるとウトウトとずっこけて落ちそうになります。そこで父は大きな南京袋に私を入れ、その紐を首にかけて走っていました。今なら何とも違法でしょうが、のんびりしたご時世の話です。

父はこのように、娘の安全管理には実にうるさい人でした。

近所の友達が皆自転車に乗っているのに、交通事故が危ないと言って結局買ってくれませんでしたし、小学校低学年のうちは独りでは渡ってはいけない通りもあって、内心「口うるさいなあ」と思っていました。しかし確かに、人身事故の多い道路ではあったのです。

夜暗くなってからの外出は禁止。高校からは時には友達と夕食を食べて帰ることぐらいは許されましたが、どんな時も門限は夜十時です。遅くまで外にいられる友達が羨ましくもあり、独りだけ先に帰る自分が子どもに思えたものです。自分が親になってみれば、十六、七の娘が夜中まで帰らないのを気にしないわけにはいかなくなりましたが、思春期の私には「どうして信用してくれないの」と、反発の方が強かったものです。

旅行を計画しても、例えば台風が近づいてくるなど、少しでも危険があると父が判断したら最後、出発当日だろうが友人がもう迎えに来ていようが、強制的に参加禁止になります。予定通りに行った友人たちが何事もなく帰ってきて楽しそうに旅先での話をしている様子を見ると、本当に悔しかったものです。

「お父さまは、心配しすぎよ！」

いい返されます。

「うちにはうちの決まりがある。命を軽んじて死にに行くのは、許さん！」

仲良しこよしで危険のただ中に行くのなら、そんな仲良しはやめてしまえと、ガンガン言い返されます。

これも父の愛——とは分かるものの、正直なところ、つらい愛でした。

ブロック塀はかえって危ない

娘である私に関することだけでなく、父は周囲に潜む危機にも敏感な人でした。

例えば、高いブロック塀は危険だと言うので、わが家は東京あたりでは珍しく、格子状の白塗りのピケット・フェンスで囲まれていました。父が台湾の台南海軍航空隊に配属されていた頃、租界地の洋館でこれを見て、中の芝生で遊ぶ親子の姿に憧れたことも理由の一つです。しかし、見た目はおしゃれでも、間がスカスカ空いた木製ですから、素人考えでは防御機能は低そうに思われるため、ご近所の高く立派なブロック塀と比べた母は、「うちはこれでいいんですか」と心配します。

「いや、ブロック塀はかえって危ない」

何が危ないかというと、父が言うには、まずは古くなって倒れたりすれば、どちらに転んでも危険だし、またもし車が突っ込んだ時も、板のピケット・フェンスならなぎ倒しておしまいですが、ブロック塀はぶつかった側に倒れ込み、そばにいた歩行者も車に乗っている人も怪我させることになりかねないと言います。ましてや、日本は有数の地震国、倒れたブロック塀の下敷きになったら「死ぬぞ！」と、真顔で説明します。

父のブロック塀攻撃はさらに続き、ブロック塀は防犯上も危険だと言い始めます。悪い奴はたかだか二メートルの塀はゆうゆう乗り越すもので、いったん入ってしまえば、塀が死角となり、外を巡回するおまわりさんからも見えなくなります。侵入した泥棒にはしめたもの、ゆっくり仕事ができるじゃないか――。

このように、あたかも機銃の集中射撃のごとく、ブロック塀の弱点に砲火を浴びせます。

父はこのブロック塀危険論を、母だけでなくご近所にも熱く語っていました。もしかしたら、父の集中砲火を浴びてブロック塀に変えるのを取り止めた方もいらしたかもしれません。

ご近所が相次いで窓を近代的なアルミサッシに改築された時も、父はサッシ不要論を展開しました。

「隙間があるぐらいの家がいいんだよ。ガス漏れしても抜けていく」

ただしこちらは、経済的にゆとりがなくて、すぐにサッシにできなかった頃の少し勢いが付きすぎた発言であったかもしれません。老齢になって、隙間風が大嫌いな寒がりな父も改築を機会に家中の窓枠をサッシにしましたから。

問題は早いうちに解決せよ

父の危機管理の基本は、次の通りでした。

「今全てがうまくいっているなら、そのまま放っておけ。ただ現状維持は意外に大仕事ではあるぞ。問題が出てきたら、小さいうちに解決しろ」

「簡単に済むことは、簡単なうちにしちゃったほうがいいんだよ、お前」というわけです。

皆がそうできたら人間社会はもっとうまく運営できると、父は言います。

人間社会の問題ほどは大きくありませんが、私も小学五年生の時、父のこの助言を守って、問題を解決したことがあります。

校内の展覧会に向けて、クラスで楽焼を作ったことがあります。たまたま一人で工作教室にものを取りに行った私は、置いてある机にぶつかって、その中の一つを落として割ってしまいました。

それだけでも幼い私には一大事ですが、割った楽焼の製作者というのが、ちょっと憧れていた男の子だったのです。

どうしよう——。

幸い教室には誰もいません。私は、落とした楽焼をそっと戻して、黙って家に帰ってしまいました。しかし家でもずっと、考え続けます。

「これ壊れていました」って、まるで人ごとみたいに、先生に言えばそれでいいかな。でもそれって、嘘ではないけど、自分が壊したことを隠しているのは、やっぱり嘘だよね。

正直、二日ほど悩みました。そのうちに、父がいつも言う言葉を思い出したのです。

「間違いや失敗は、初期の段階で言うのが、一番簡単だ」

三日目の日、私は学校でその男の子に声をかけました。

「O君、あのね。本当に悪いんだけど、あなたが作った楽焼きのロケット……私が壊しちゃったんだよね」

ところがO君は別に騒ぐふうでもなく、「いいよ、ほかにもあるから」。

事はそれで済んでしまいました。おまけに、それをきっかけに憧れのO君と話す機会が増え、私としては万々歳。いつもはうるさくて嫌だなと思う父のことも、感謝したひと幕でした。子どもの世界の取るに足らない出来事でしたが、

「物事は単純に、問題は早いうちに解決せよ」

私の考え方の基本になったように思います。

一念具象と不撓不屈

生涯に三度のホールインワン

多忙な父はこれといった趣味を長い間持ちませんでしたが、四十代になってゴルフを始め

ました。

お酒が飲めない父はおつきあいを断ることが多く、ゴルフをすれば人づきあいの場ができるとも考えたようです。しかしいったん始めてみると、理論的に分析したことを体で試すことのできるスポーツであり、また、独りでもフラリとプレーに行けるのが一匹狼の性に合ったようで、生涯続ける趣味となりました。

いざ始めれば本気で集中するのが父で、私にゴルフの練習をつける時もこう言うのです。

「いいか。一打目から本気で穴を狙え」

そうは言っても、見えもしないホールをどう狙うというのでしょう。ところが父に言わせれば、穴に球を入れるのがゴルフの目的なのだから、狙うのが当たり前だと言うのです。それぐらいの執念を持ち、一念具象の気迫で打てば、見えない穴も狙える。それが父の言い分です。

いや、理想はそうでも、そんなのムリムリ――。そう私は思っているのに、父という人は、どれもショートホールであったとはいえ、生涯三度もホールインワンを出してしまうのですから、一念具象とは大したものです。

そのうち一度は、アメリカのエース・パイロット協会から御招待を受けた零戦搭乗員会がカリフォルニア州サンディエゴ市のミラマー基地で、双方の会員たちと合同でプレーをしていた時のことでした。周囲から「さすがはサブロー・サカイ」と喝采を受け、父もまんざらではない様子でした。

ホールインワンの後、私が「本当に、最初に打つところから穴を狙っているの？」と聞くと、父はそんなの当たり前だという顔をして、

「穴は見えなくたって、旗のあるところに穴があるわけだから、あそこに入れてやるって気持ちで打たなきゃ、仕方がないだろう」

父は、穴に入らないのは、打つ本人が最初から諦めてしまっているからだと言うのです。

「そんなことはあり得ない」と自分を信じていないから起こりにくいのであって、あり得ないことでも起こしてみせようという気持ちでやればいいのだと。私などは、グリーンに乗ればラッキー、乗らなくても少しでも寄せればまあまあと思うほうなので、だから穴はいつまでもはるか彼方なのかもしれません。

「いいか。要は、すっ飛びながら針に糸を通すぐらいの集中力だ」

念ずれば通ず。ただしそれは神頼みをするのではなく、自分を信じて念ずること。そして信じられる自分であること。念に気迫を込めること。見えなくても、旗の下には必ず穴は在り、目標の下に成果があるのです。

父はその集中力と一念で、見えない穴を狙っていたのでしょう。

坂井式パチンコ必勝法

会社経営から退き執筆を主とするようになってからの父は、余暇にパチンコもよく楽しんでいました。

馴染みの店には性に合った機械が何台かあって、試し打ちの後、今日はこの台と決めたら、その台だけを打ち続けます。打ち止めにしてしまうこともよくありました。しかし昨日打ち止めにしたお気に入りの台も、閉店中にプロの釘師が調子を変えるため、今日は全く入らなくなっていることもあります。

こういう時、普通ならまた別の台を試すことから始めるのでしょうが、ここが父の面白いところで、何と調整した釘師への挑戦を開始します。さて、その応戦法とは。

前回良く出た台を、その元の状態に戻すことは、未知の台を試しながら調整するより、ずっと容易(たやす)いはずであるという論理に立ちます。

そして、父はまず、てっぺんに二本ある釘の右の一本に狙いを定め、ただひたすらに打ち続けます。それはまさに、何百発もの七・七ミリ機銃弾を敵機のガソリンタンクの一カ所に撃ち込み続ける集中力です。

三千円分ほどの玉をつぎ込んで根気よく、その釘一本に狙い打ちを続けると、徐々に釘が動いて、てっぺんの二本の釘の間隔が広がるのです。こうしてひとたびじゅうぶんに間が開けば、

「あとはお前、目をつぶっていてもジャラジャラ入るぞ」

父の好きな言葉で言えば、一念具象と不撓不屈が釘師に打ち勝ち、パチンコ台の釘を開かせるのです。

とはいっても単なる精神論では駄目で、具体的な目標達成を頭に描き、科学的・物理的に手法を選ばなければなりません。そうやって段階を経てからの一念具象と不撓不屈だからこそ利くのだと、父は言います。

根性だけで動いたところで、行動そのものが不十分・不適格であったら、何も起こりはしません。手法の技術的な面については、長く訓練すれば次第に慣れて、自然に練度は上がるのです。

遊んでいる時でも、父は真剣です。

「パチンコでも、やると決めたら一生懸命やらなくちゃ、取れないぞ」

ある時、店の関係者からこう聞かれたそうです。

「旦那さん、プロですか？」

もっとも、釘師に勝ちはしても、そのための捨て玉につぎ込む父の勝敗は、大抵はトントンだったかもしれません。

しかし、少しばかりでも戦利品を持って無事生還し、父はまた次の釘に挑戦するのです。

雛鳥を手なずけた父の根気

私たち夫婦がカリフォルニアの陸軍官舎に住んでいた頃、春先の庭で雀の雛がたくさんかえりました。まだ綿毛がふわふわしている雛が庭の餌場に来るのを見ると、私の幼い娘は触りたくて仕方がありません。

遊びに来ていた父はそれを聞いて、一羽手なずけてやろうと言い出しました。戦時中、中国の漢口基地で一度、雀を手なずけたことがあって、またできると父は楽観していたのでしょう。

けれども、相手は都会の雀であっても野生の鳥です。そんなに簡単に約束して、大丈夫かしら……？

私の心配をよそに、雀の動きをしばらく観察していた父は、翌日から半日も木陰の椅子にのんびりと座っているようになりました。その木の枝には餌を入れた皿がぶら下げてあり、鳥たちが父に慣れて皿に来るようになると、皿を低くして、自分との距離を狭めていきます。

そうやって餌の皿が自分の肩あたりに降りてくるまでにして三、四日たつと、鳥たちは父をほとんど気にしなくなり、餌をついばんであちこち跳ね回る最中に、じっと動かない父の肩にひょいと止まるのも現れるようになりました。こういうのは大抵まだ若い雛たちです。

そのうち父は、群がる鳥の中にいたまま、何気なく少し動いたりし始めました。驚いて一斉に飛び去ってしまうこともあれば、のんきに戻ってきた鳥の中には、父の動きに慣れてしまうものも出てきます。特に、それほど人間に恐い思いをしたことがない雛たちは、すっかり慣れてきたようです。この数日の間に飛び方もしっかりしてきたものの、まだまだ若い雛はおっとり、ふわふわしています。

　この頃になると、父は雛の中でも特によく慣れてきた二羽を識別し、一番、二番と呼ぶようになりました。

「二番がもうちょっとだぞ」

「本当、おじいちゃん、明日?」

「そうだなあ、明日か明後日かな?」

　その翌日のことです。

　いつものように一羽の雛が平気で父の肩に飛び乗り始めると、父は何気なさそうに手を肩に置きました。その手の甲にその一羽が乗りました。どうやら「二番」のようです。

　ちらちらと指を動かすと降りてしまいますが、これは足場が悪くて降りただけで、特にびっくりした様子もなく、動きを止めればまた乗ってきます。そのうち食べるのに忙しくなったのか、指を動かしても一向に気にせずに、父の手に乗ったままで、指と一緒に揺れながら餌をついばみ続けるようになりました。

　次に父はその手をそっと裏返し、今度は手のひらに二番を乗せました。相手は全く気にしていません。

「今だ。さあおいで」

そう言っているかのように父が目で誘うので、娘もそっと近づきます。今や父は、二番の乗った手をお椀のように丸めて、二番をふんわりすくうようにしています。

さあ、ついに両手で二番を包み込みました。

さらにふんわり持ち替えて餌皿に近づけると、二番はもがきもせずに首だけ出してまだ食べています。しばらくそのままにして何かを見極めていたかのような父は、いざというようにおもむろに手を開いたのです。そして、開いた手のひらに餌を置くと、今度はそちらを夢中でついばみます。

「おじいちゃん、私もしたい」

娘がねだると、父は「手が変わると飛んで行っちゃうかもしれないよ」と言い含めつつ、そっと二番を娘の小さな手のひらに誘導しました。

二番は飛び立ちません。娘の手のひらに乗ったままで、まだしばらく父の手のひらの餌を食べ続けていましたが、娘の手のひらが小さくて落ちそうになるのが気になったのか、不意にはばたいて、木の高い枝に飛んでいきます。

「お腹がいっぱいになったんだろう」

私の娘と約束してから、二番が手のひらに乗るまでは、ほぼ一週間。父は、本当に根気のある人だったのです。孫娘のために、まさに一念具象と不撓不屈で、約束を有言実行してくれたのです。

坂井三郎と二人の妻

「兵隊あがりでいいのか」

母と父とは、お互いに再婚同士の結婚でした。母は戦争で、父は戦後の生活難の中で、それぞれ配偶者と死別しておりました。

父と母が知り合ったのは、父の仕事がきっかけでした。当時の父は、白布の反物を仕入れてシャツに仕立ててから売る、行商のようなことをしていました。その仕立てをしてもらう女性たちの中に、母がいたのです。当時洋裁は、生活に困窮した良家の子女たちや、特にまだ幼い子どもがいて、外に仕事に出られない未亡人たちにとって数少ない生計を立てる道でした。

母の暖子（はるこ）は海軍軍人の家に生まれ、十七歳で若い海軍士官と結婚しました。子どもも二人授かりましたが、やはり戦闘機乗りだった夫は、昭和二十年の終戦間際、フィリピン沖で戦死されたそうです。海軍大佐だった母の父親、陸軍・海軍の尉官だった兄二人も終戦までに亡くなっており、それまで働いたことのなかった母も、二人の子どもを抱えて、働かざるを得ない状況だったのです。これは、当時の多くの家庭が同じような境遇だったのではないでしょうか。

坂井と結婚しようと思う――そう実家の家族に告げた時、陸軍士官で、終戦後二年以上もシベリアで抑留されながらも生き残っていた一歳下の叔父は、母にこう言ったそうです。

「兵隊あがりでいいのか」と。

　海軍士官の家に生まれ育ち、最初の夫も海軍士官だった母です。一方、父は終戦時には、当時の特進待遇で中尉であったとしても、実質は下士官にすぎません。そのような男と結婚することに対し、弟であっても、母の実家の一番年長の男子として、母の人生に対しての責任感から口に出た言葉だったであろうことは、父にさえ分かることでした。そして、当時の母は婚家に籍がありましたから、そちらにも筋が通るような家柄の男性でなければならないとも考えたのでしょう。

　辛辣な言葉でありましたが、当時の社会環境において、一度は母に言わねばならないと、叔父が考えたのも理解できないわけではありません。

　母は良家でおっとりと育って、人と人との間の様々な軋轢を実感していない人でした。弟の言葉を聞いて初めて、家柄の格式の違いや、士官と下士官の間の深い溝といったものを感じ、戸惑いも確かにあったようです。

　父は確かに「兵隊あがり」の下士官として戦中のほとんどを生きてきましたが、戦後の父を支援してくださる方たちには元士官も多く、間に立って「いや、坂井なら大丈夫」と請け合おうとしてくださった方も少なからずあったようです。結婚するあなたさえよければ、いらしてください」

「士官も下士官も、今はもう皆同じ民間人です。あなたの全てに責任を持ちます——、と格好いいことを言ったかどうかは分かりませんが、母の実家に単身赴き、兵隊あがりと言った叔父に対して、「私が暖子さん一家を引き受けます」と宣言しました。

叔父も、家柄や肩書きだけにこだわる馬鹿な人ではありません。人柄が分からなかったうちは一言だけ言いはしたものの、父に会ってみれば、人望も厚く、品のある紳士でしたから、姉を預けるのにふさわしいと思ってくれたのか、結婚を了解したそうです。

その時、まだ生まれてもいない私が言うのも何ですが、そもそも当時の母には、士官とか下士官とか、偉そうに選択する余裕などなかったのではないでしょうか。二人も子どもを連れている未亡人で、父はそれでも母と結婚したいというのですから、「じゅうぶん以上のありがたい話」と、後にこの話を聞いて思ったものです。

「あんなに面白い人は見たことない」

前夫の戦死で苦労する前の母は、良家の子女や主婦として、恵まれて暮らしていました。海軍大佐の祖父は諜報部員として中国に出ており留守がちで、祖母も時々それに同行して大陸に渡っていたこともあります。残された母たち兄弟は、ねえやにばあや、外働きの男性もいる大きな家で、不自由なく暮らしていたそうです。

兄弟たちのところへ遊びに来る士官学校生たちを、女学校の友達とふすまの隙間越しに品定めして、「あの方、素敵ね」と言い合うようなのんびりした青春の後、親が薦める海軍士官と十七歳で結婚して、その家でも家事はばあやねえや任せ。まだ少女のような年齢であるうえにおっとりした性格のせいか、婚家の義父母にも嫁というより娘のようにかわいがられていたそうです。

夫の戦死後、苦労しましたが、父との結婚で一言あった叔父にも、実家にも、前の婚家にも祝福されて父のもとに来たわけです。そして、おっとり純真で可愛らしいままの性格は、変わることがありません。

もっとも、結婚後しばらくの間は経済的に本当に厳しく、その記憶が少しだけある私から見ても、母はよく父についてきたものだとも思います。けれども、当時のなれそめを聞いても、

「あら、他に行くところもなかったし……」

と、言葉を濁していた母。他にも再婚を考えた相手が全くなかったわけでもないように、叔母から聞いたこともあります。

しかし、母には、父という男性とつきあうのが、とても新鮮に感じられたようです。「あ

んな面白い人は見たことがなかった」と、母は言っていました。

それまでの人生で母が知っている男性といえば、皆、家柄が良く教養もある紳士で人品優れていますが、言い換えれば、限られた環境で育った堅物ばかりだったそうです。一方、父はといえば、士族の血筋とはいえ、佐賀の田舎出身の庶民で兵隊あがりでした。しかし、田舎でも軍隊でも、壮絶な経験をたくさんしてきています。父から過去の話をいろいろ聞くたびに、母は思ったそうです。

「あらまあ、人間って、こんなにいろんな人がいるのね」

気は荒いが優しく、よく気の回る父と、おっとりとしているけれど、純真に万事を面白がる母は、とてもいい組み合わせだったと思います。


「おーい、水、持ってこい！」

戦後しばらくのわが家の暮らしは厳しいものだったようですが、父は食べ物だけはおいしい方がいいと言うので、母は一生懸命に料理に取り組みました。けれども、家事を覚える間もないほど若くして結婚し、嫁いだ先でもねえやばあやが食事を作ってくれる生活でしたから、料理は自信がなかったと言います。

そこで母は、NHKの料理番組を見たり、料理教室に通ったりして、習ったお料理をあり合わせの材料で一生懸命に工夫しては、食卓に出していました。どうやら父も、母のそういった努力が嬉しいらしく、新しい料理が出るとニコニコします。とはいえ照れくさいのか、「うまいな」と口に出して褒めることは少なかったかもしれません。

すっかり平らげて、「ごちそうさん」。それが父の「ありがとう」だと、母には分かっていたのです。

父は、家族に対しては、軍隊風の口早の命令口調が出てきてしまうのです。一方、母はごくのんびりと、「そうですねお父さま。そうしておきます」といった調子です。

母は、父に対しては、いつも敬語で通していました。結婚前は同等に振る舞っていたそうですが、結婚して自分の妻となった限りは子どもや人前ではそうしてほしいと、父が求めたようです。夫婦でも男女に上下がある時代でしたし、もともと軍人の家で育って、きちんとしつけられた母は、ごく普通にそれを受け入れ、父が望むとおりに振る舞うことも、ごく自然にできたのでしょう。

もっとも母の父親というのは、海軍の佐官クラスにしては、本来の人の上下といったことにはオープンな考えの持ち主で、その柔軟なところが諜報の海外任務に適していた人物だったと、祖母が話してくれたことがあります。母はあの時代のあの家柄にしては、比較的に大らかに自由に育ちました。

「だからね、女学校ではバレーボールばかりしていたの」

屈託のないお嬢さまだったようです。父に敬語は使っても卑屈な様子はなく、むしろごく自然な気持ちで父を立ててあげている感じでした。もともとの性格が、ことを難しく考えないたちだったのでしょう。

私がまだ四、五歳の頃、玄関の前の庭先で、父が車の修理をしていたことがあります。私はその周りでぴょんぴょん縄跳びをしていました。

その時、父が手順を間違えたのか、突然何かが発火しました。

「おおい、水、水！　水持ってこい！」

父は大慌てで家の中にいる母を呼び立てると、火を消そうと必死で布をかぶせるなどし始めました。

やがて一分ほどして、母がしずしずと登場しました。その手にあったのは、お盆にのったグラス一杯の水です。消火に奮闘している父を目にした母は、ひと言言いました。

「あらあら……」

その頃の父は、まだ軍隊的に怒鳴ることが日頃から多かったので、母は一向に大事が起こっているとは思わなかったのです。

私は、互いにぽかんと見つめ合う父と母を見て、「大人って面白いな」と思ったものです。

家族への愛情

結婚して生活がようやく安定し始めると、父は、母が前のご主人との間に授かった子どもたちを引き取りました。姉弟二人のきょうだいで、その後に生まれる私とは、姉が十二歳、兄とは十歳離れています。兄は、小さな私に勉強だけでなく、いろいろなことを教えてくれました。優しい兄は教え方が上手で、その点が血のつながらないはずの父と、個性の違いはあるものの、なぜか似ていました。

姉と兄は、母の前夫の苗字である森本姓を名乗っていました。とはいえ、実の父親が亡くなった時は二人ともまだ幼くて、特に兄は父親の顔も覚えておらず、坂井の父を「お父さん」と慕っていました。

幼い私も、姉兄と姓が違うことを、なぜだろうと疑問にも思わずにいました。ただ、友達の姉兄に比べてあまりに年が離れていたので、その点だけは不思議な気がして、一度父にこう聞いたことがあります。

「うちの姉さんと兄さんは、誰なの？」

「そりゃあ、姉さんと兄さんに決まっているじゃないか」

「ふうん」

それで私はすっかり納得していたのです。

私が小学校に上がった頃、父と母は改めて、上の二人と私とが父親違いの姉兄妹であることを話してくれました。特にショックを感じなかったのは、二人にはとてもかわいがってもらっていたし、父が分け隔てなく三人の子どもに接していたからです。

「そんなことは、戦中も終戦直後にもよくあったんだ」

そういう父の説明に、「そうだったのだろう」と思っただけでした。

その後、姉は森本姓から嫁ぎ先の姓に変わりましたが、兄は大学を出る頃に坂井姓に変えました。就職をする際など、養父であっても「坂井三郎」という父親がいるほうが有利なこともあるかもしれないと、父が提案したからです。森本家の伯父は承諾し、むしろこの縁組を喜んでくださったと聞いています。

父にはかわいがられて大事に育ててもらったという気持ちもあり、坂井姓に入るのは嬉しかったと、兄は私に話してくれました。

父にしてみれば、結婚前に「兵隊あがりでいいのか」と言われたぐらいですから、海軍士官だった最初のご主人の姓が、母にとってどれぐらいの意味があるのか、兄には森本の名を継がせたいと思っているのかと、考えたところもあったようです。しかし母は、そういう父の心遣いそのものが嬉しかったようです。

私は家族の中ではちびでみそっかすでしたから、当時の大人たちの感情も事情もよく分かりません。また、父は昔の男ですから、人前で夫婦がべたべたしたり、妻に優しい言葉をかけたりということも、まずありません。ただ、折りに触れて父が見せる行動の中に、母をどれほど愛しているかが、あふれ出ていたように思います。

父の最初の奥様は初代さんといって、父とは従姉妹にあたる人でした。二人が出会ったのは、父が中学生の時。つまり幼なじみです。

当時父は佐賀から上京して、東京の伯父の世話になりながら、現在の青山学院中等部に通わせてもらっていました。初代さんはそこのお嬢さんでした。

伯父は父の優秀さを見込んで、東京の家に引き取り、学資の世話をしてくれたのですが、所詮は佐賀の田舎での優等生です。都会の学校では、同級生のレベルについていけず、学年最下位に近い成績になってからの父は、学外でけんかを売られれば買ってしまうというような毎日を送るようになりました。伯父はずいぶん意見をしてくれたようですが、父自身、自分に対する残念な気持ちをどうすることもできないで、焦燥感に追い込まれていったのではないでしょうか。

そういうつらい時に親身になってくれたのが、従姉妹の初代さんでした。

「サブちゃん、あなたは、本当はできる人なのだから」

そう言って、父が家にいる時には勉強も見てくれたようです。杉並の練兵場で一緒に馬に乗っている写真があるのですが、二人仲良く手をつないでいます。

父はそれまで女性に優しくされたことなど、ありませんでした。佐賀にいる父の母親は、内面は優しいけれども、何より闊達で気丈な人でしたし、佐賀での父はガキ大将で男の子と遊んでばかりで、女の子は眼中になかったのでしょう。それが都会に独り出てきて、挫折して、荒れている中で優しくしてもらったのですから、もしかすると父にとって、初代さんが初恋の人だったのかもしれません。

結局、父は素行不良で退学となり、伯父も見切りをつけて父を佐賀に帰してしまったので、初代さんとのおつきあいは終わったかのようにみえました。ただ、父が海軍に志願入隊した後も、初代さんは手紙をくれて、親身に励ましてくれました。初代さんのほうももしかしたら、父のことを快く思っていてくれたのかもしれません。

入隊して九年目の昭和十七年、父はガダルカナルでの空中戦で頭部と目を負傷し、失明の恐れもあったので、内地への帰還療養を命じられました。療養先の病院を抜け出して訪ねていったのが、伯父の家でした。

「三郎です。お久しぶりです」

その時、父は、初代さんがまだ未婚でいることを知りました。当時、良家の子女が二十歳を過ぎて独身でいるのは、あまりないことです。この訪問をきっかけに、父と初代さんはまたおつきあいをするようになったのか。このあたりの経緯は、父が話さなかったので私にはよく分かりません。

初代さんの父親である伯父も、かつてどうしようもない不良少年だった三郎が、海軍で成長してまあ御国のために役立つ男になったらしいということで、思い切って初代さんを託してくれる気になったのでしょうか。

二人は昭和二十年二月に結婚しています。しかし父は、内地勤務といっても航空隊での任務がありましたから、終戦までは一緒に暮らす時間はほとんどなかったと思います。

間に合わなかった林檎

父は昔の話をよくしてくれる人でしたが、初代さんのことだけは、ほとんど話そうとしませんでした。現在の妻である母に気を使って話題にしなかったのでしょう。母もまた、戦死された最初のご主人のことは、私が記憶する限り、父の前では口にしたことがありませんでした。

ただ、初代さんがとても体の弱い方でいらしたというのは、聞いています。父が訪ねるまで独身でいたのも、それが原因の一つだったかもしれません。

初代さんについてはほとんど語らなかった父に代わって、母が一つ話してくれたことがあります。

昭和二十二年が明けたばかりの頃です。当時はまだ食糧事情も悪く、初代さんはすっかり体を壊してしまっていました。

心配した父は、何か食べたいものはないかと初代さんに聞いたそうです。

「……果物が、食べたい」

当時はまだ、新鮮な果物がいつでも買える日常ではなく、あってもひどく高価なものでした。それでも父はその日の仕事が引けてから、暗くなった町を果物を探して一生懸命歩き回ったそうです。そしてようやく、手に入った林檎（りんご）を持って帰宅したのです。でも家に帰ってみると、初代さんの病状は急に悪くなって、すぐにも病院に移さなければならないほどになっていたのです。

そして、入院して間もなく、初代さんは亡くなられたそうです。

終戦直後の物資の限られた中での犠牲といえばそれまでですが、生活が立ち直らないうちに初代さんを亡くしてしまった父は、どんなに悔しかったことでしょう。

父が、私だけでなく、家族や自分の健康や安全に関して、あんなにも気を配っていたのは、そのせいだったのかもしれません。

初代さんの写真は、英語版『ＳＡＭＵＲＡＩ！』に掲載され、「生きて共に終戦を迎えたものの、戦後の苦境と病気で失った私の妻」というキャプションが添えられています。きりりと結んだ口元に、内に秘めた強さが感じられる、美しい面立ちの日本女性です。

婚前の撮影か、まだ島田に結い上げていた日本髪の初代さんの写真は、アメリカ人読者の興味をそそるであろうというマーティン・ケイディン氏の強い希望で掲載を父が承諾したのです。

本当のところ、母はどう思っていたのか。私には察することはできませんでしたが、それを良しと受け入れて何も言わなかったことが、母の思いやりであったろうと思います。

そして、父は、日本国内で出版された著書には初代さんの写真を載せていません。それは、母への思いやりであったと、私は解釈しています。

第三章

父の「武士道」

常に危険に備える極意

外に出る時、まず「上」を見ろ

父が「大空のサムライ」と呼ばれるようになったのは、翻訳された父の著書に、英語版著者のマーティン・ケイディン氏が、『SAMURAI!』というタイトルを付けてからです。

父は、祖母から「士族たれ」と言って育てられ、志願して軍人となり、さらに零戦パイロットになってからは、戦闘員としての毎日を常に武人の自覚を持って生きていました。それを、新たに意識するようになったきっかけが、『SAMURAI!』の出版だったのではないでしょうか。

私（わたくし）にもよく言いました。

「お前もサムライの娘と心得よ」

幼い私には、サムライといえば、宮本武蔵や柳生十兵衛、赤穂浪士の討ち入り、そして浪人姿の三船敏郎さんぐらいしか目に浮かびません。「いったい私とサムライに何のつながりが？」と不思議な気持ちで父の言葉を聞いていたものです。父独自の武士道を、私に教えようと考えていたようでした。

父の武士道とは、「常在戦場」。まさに戦場にいるかのような気迫を持って毎日を生きるということだったと思います。そうやって常に命の大切さを認識し、危機に際していかに対処し、それを切り抜けるべきかを、戦後の平時をのほほんと生きている娘にも、教えたかったのでしょう。

その教えは、身に染みついた戦闘機乗りの姿勢として、コックピットから降りた後も、父の日々の言動の至るところに見られました。特に、娘である私への教育やしつけには、それがよく表れていました。

例えば、私が出かけていく前に声がかかります。

「おい、前後、左右、上下に注意しろよ!」

一般的には「前後左右に注意して」と言うところですが、父の場合は、それに上と下が加わります。航空界で生きてきた人の特性なのか、目配りや思考の拡がりが立体的なのです。大空の真っ只中では、前後も左右も上下も違いがないのです。方向を示すのは重力だけです。幼い頃からそう言われていたので、私にとって〈前後左右上下〉は、それで一つの熟語でした。学校で先生が「前後左右に注意しましょうね」と言うたびに、「あれ、どうして〈上下〉が入らないの?」と思ったものです。

特に「注意しろ」と言われたのが、〈上〉でした。

「まず上を見ろ。何が落ちてくるか分からん」

町を歩けば二階の窓辺から植木鉢が落ちてくるかもしれないし、雪国ならひさしからつららが落ちてくるかもしれない。何もない平原にいても、上空で飛行機が破裂すれば、数キロ先まで破片が飛んでくる——。少し知恵のついた私が、「じゃあ、地下道なら安心ね」と茶化すと、

「地下道だって、天井が落ちるぞ」

とにかく、「物っていうのは、上から落ちてくるもんなんだぞ、お前」というのが、父の言い分でした。

敵機に上を取られたら制圧される、という日々を送った父の「上に注意」という言葉には、単なる心配性にはない真実味があります。おかげで私は、外を歩く時には、視野の中で常に「上」に注意を払う習慣がつきました。

そういう視線で町を見ると、世の中には〈落下物注意〉の看板が多いことに気づきますし、ベランダやビルの窓辺に危なっかしく置いてある物の多さにも驚きます。そして、地上を歩く皆さんが、そういった上空の危険に対して、概して無頓着だということにも。

「前後、左右、上下！」の注意のおかげで、命拾いしたこともあります。

あれは、高校生の時です。街中で工事現場にさしかかった時、「上に注意」が習い性になっていた私は、自然に上を見やりました。

その瞬間、何かが上空で動くのが、ふっと視界に入りました。とっさに横にそれると——ドスン！　工具が落ちてきたのです。

そのまま進んでいたら、当たっていたかもしれません。帰って父に話すと、「だから、俺がいつも言っているだろ」と、さもありなんという顔をしています。

母も同じように、落ちてきたペンチを避けた経験があり、これにも「俺がいつも言っているからだ」と満足そうで、滅多に褒めない父が、「よく避けた、偉い」と言ったのを覚えています。

危険は、どこからでもやってくるもの。そう覚悟した上で、事前にそれを察知し、避ける。戦闘機乗りの父にしてみれば、それは危機管理として当たり前のことだったのです。

チェック・シックス！　死角を認識せよ

もう一つ、戦闘機乗りだった父ならではの決まり文句がありました。

「チェック・シックス！」というものです。

「チェック・シックス」とは、航空用語の一つで、自分から見た方向を、アナログ時計の文字盤になぞらえて示すものです。零時を正面とし、三時と九時が真横、六時（シックス）は真後ろになります。つまり「チェック・シックス」とは、真後ろの安全を確かめろということ。さらには、「死角となるところに気を配れ」という教えでもあります。

特に、私が自動車の運転を始めた頃には、耳にタコができるほど「チェック・シックス」の教えが繰り返されました。

その教え方が、何とも論理的かつ実践的なのです。

まずは、「死角とは何か」についての論理的説明があります。父が言うには、自動車運転において最も危険な死角は、真後ろよりも斜め後方、運転席に近いほう、右ハンドルの日本車ならば右斜め後方です。なぜかと言うと、運転席に遠い左後方は自分を支点として八時ぐらいの方向ですが、右後方は五時と角度がきつく、その分、体をねじらなければ見えないからです。

さらに、なぜここが真後ろより危険かというと、この死角になりやすい五時の角度に自転車やバイクが潜んでいる時、気づかないままに右折すれば巻き込んでしまう恐れが強いのです。一方、真後ろにバックする時はいったん停止してから行動に移るため、運転手も注意しようとする意識が高いので、意外に他人を巻き込む危険性は低いといいます。つまり、自分が周囲を巻き込んで加害者となる確率は、五時の角度が最も高いのです。

「人身事故で他人様を傷つけたら、取り返しがつかない。絶対に、自分の不注意で他人を巻き込んではいけない」

そこに死角があるということを意識しにくいところに、最も恐ろしい危険が潜んでいるのです。だから、常に後方を意識する「チェック・シックス」が大切なのです。

そして、こういった論理的説明に続いて、実践で死角を体得させられました。

「どれくらい見えていないか、自分で降りて確かめろ」

まずは運転席から、一通り周囲をチェック。次に運転席を降りて、自分から見えないところのチェック。何度か行えば、自分の死角の範囲が分かり、以後は常にそこを意識してチェックできるようになります。そして、経験を重ね、訓練を積むと、必要なチェックが無意識のうちにできるようになるのです。

バックする時は、もし運転席から見えない低い位置に、子どもでもいたら大変。

「できるだけ車を降りて確認しろ。それが無理でも、必ず窓から顔を出して確かめ、必要なら声をかけろ」

これは、自動車教習所でも教えてくれることです。しかし実際のところ、習慣的にバックミラーで確認する程度で、論理的かつ肉体的に「死角とは何か」をよく理解した上でチェックを実践している人は、少ないようだと父は言います。

父はそれを「行う」人でした。

戦闘機での空中戦という極限状況では、わずかな見落としが自分や列機を危機に陥れます。

論理的な裏付けをもって臨まなければ、死角からの危機を除けなかったでしょう。

また、社会そのものにも、目の届かないところ、思考の行き届かないところがあります。

その多くはチェックすれば見極められるのに、確認されないまま死角として残されています。

そういった死角を作るのは、人間自身の感情や意見の傾向、常習化した行動、チームワークにおける悪循環などだと、父は言います。重大な事故は、そうやって皆がうっかり見落としている死角から生まれるものだと。

父自身、車に乗る時は必ず周りを一回りして、タイヤの空気が抜けていないか、ウインカーが点滅するかなど、毎回確認していました。「昨日問題がなかったので、今日も大丈夫だろう」と思ってしまう楽観的憶測、それも危険な死角だからと。父は、この確認作業を、ブリーフィング（航空用語で、主に出撃直前に飛行計画やその具体的な手順等を最終確認し合うこと）と呼んでいました。

一方で、父はこうも言いました。

「死角とは、チームプレーでいつも足を引っ張る人と同じ。『こいつがいなければいいな』と思っても、実際にいてしまうのだから仕方がない。その存在を受け入れて、そいつがチームプレーの弱点や短所となって悪い結果を引き起こさないように無視せず、むしろ、いつも面倒を見て、ほうっておかないことだ」

常に点検し、確認すること。気がつきにくいところにこそ、気をつけろ。

「難しいが、それができる奴に有利に立てる。なぜなら、誰もがそういう死角を持っているのだから、その悪条件を克服して初めて本格的に活躍できるのだ」

今も、何かを始めようとする時には、父の声が聞こえます。

「チェック・シックス！」

「角の陰には必ず曲者がいる」と心得よ

「チェック・シックス」は素晴らしい教えでしたが、運転免許を取る年頃ならいざ知らず、私が幼いうちは、そもそも死角のなんたるかさえ分かりません。父もまた、幼い娘にそんな難しいことは要求しませんでした。

代わりに教え込まれたのが、いわば「死角を作らない動き方」です。そのいい例が、角の曲がり方。父によれば、路地の角を曲がる時にはより安全な曲がり方があります。

「角は内側を曲がらないで、遠回りに回れ」

なぜかというと、内角に沿って動くと、曲がるまで脇が見えませんが、外角を遠回りすれば視界が広がりますから、角の陰に誰かが潜んでいても早めに見つけられるというのです。走ってきた誰かと出会い頭にゴツン！　などということも避けられるかもしれないし、もし悪い人が待ち構えていても、早く気づくことができ、避ける準備もしやすくなります。襲われた後に「ああ、そこに人がいたんだ」と思っても、すでに手遅れなのです。

そういった理屈は私が少し大きくなってから言われたことで、幼いうちは、「とにかく、曲がり角は大きく回りなさい」としつけられました。

わが家の近所には、細くて暗い路地が多かったので、父としては心配だったのでしょう。

夕方に娘が「門限に間に合わなくては」と走って帰ってくる時、曲がり角の死角に潜む悪者に鉢合わせしては大ごとです。

「角を曲がるときは、『必ず誰かが陰にいる』という前提で曲がるもんだ」

おかげさまで、実際に不審者に飛びかかられることはありませんでしたが、遠回りしたことで、何となくうさんくさい人影に気づき、踵（きびす）を返して逃げたことは何度かありました。そして、私は長い間、そういう角を曲がるのが、実のところ怖くてなりませんでした。

「必ず曲者（くせもの）が隠れていて、襲われるかもしれない」

そう思いながら、いつも通っていたのですから。

娘に授けた懐剣

これも父なりの武士道の一つだと思うのですが、私は小さい頃から刃物の扱い方を仕込まれました。

小学校の入学式の前、ナイフで鉛筆を削ることを教わりました。細い柄の付いた片刃のナイフでした。ぐるぐる回す鉛筆削りも持っていたのですが、基本はナイフ削りです。刃物は使い方を覚えると非常に便利で、おまけに「武器にもなる」というのが、父の弁です。

しかし、使い方を間違うと怪我をしますから、「よくよく真剣にやれ」と、これもずいぶん一生懸命に扱い方を教えてくれました。私の鉛筆削りの腕前はなかなかのものです。ただ、そのうち彫刻刀のいいセットを買ってもらえたので、鉛筆削りは彫刻刀でもするようになりました。

次に渡されたのは、折りたたみ式の片刃のナイフで、いわゆる肥後守というものです。

「護身用にもなる」と持たせてくれていたのですが、『ウエストサイド・ストーリー』のストリートギャングではあるまいし、それでケンカをしろと言っているわけではありません。

「使わなくてもいいから、持っていろ。万が一ということもある」

学校に刃物を持ち込んでも取り上げられることのない、大らかな時代の話です。

肥後守は、基本的には子ども用の工作用具でしたから、武器としてはそれほど役に立つものではありませんし、武器として使うこともありませんでした。

その次に父がくれたのは、士族の女性が袂に持つような懐剣です。

長さは、白木の鞘まで入れてせいぜい二十センチほどで、懐剣と呼ぶのはちょっと大袈裟かもしれませんが、使えば、人も殺せるでしょう。刃渡りは七センチぐらいで、その半分あたりから刃幅が細くなり、切っ先はかなり鋭いものです。鞘は、はめるとパチンと音がして適当に収まりがよく、抜きたい時にはスルッと抜けますが、うっかり抜けてしまうことはありません。

なぜこうも詳しく説明できるかというと、今も手元にあるからです。

この刀をどういう経緯で父がくれたのか、よく覚えていません。肥後守がある程度使えるようになったので、「これぐらいは持っていてもいいだろう」と、父が思ったのかもしれません。

いつも持っているようにと言われたわけではないのですが、今も必ずベッドの脇に置いています。刃も自分で研いでいます。研ぎ石も父が分けてくれたものです。

私が幼い頃から、父は独自の人生哲学を教えてくれた

辻斬りは後ろから自転車でやってくる

災いを招くような行動をしないように気をつけていても、災いはいつどこでふりかかってくるか分かりません。しかし、常に心を引き締めて、覚悟していれば、より冷静に対応できると、父は言います。

「辻斬りは必ず後ろから、自転車で来るぞ」

なにしろ、道には至るところに強盗やひったくりがいて、歩いている私を後ろから自転車で襲うというわけです。なぜ、自転車かというと、バイクは音がうるさくて、忍び寄るには向かないからです。「自転車辻斬り」（父はひったくりのことをそう呼んでいました）に、ハンドバッグをひったくられそうになっている時、ただ「きゃあ！」と叫んでも、無駄なことです。

「そんな暇があったら、相手の自転車を蹴れ！」

反撃に驚いた相手が手を緩めたら、すかさずバッグを取り返し、逆方向に走れというのです。そこまでできなくても、ひったくられそうになった瞬間、おびえずに引っ張り返せば、ほとんどの「辻斬り」は諦めて行ってしまうと、父は言います

「向こうにしてみれば、獲物はお前じゃなくたっていいんだから」

こちらが怯えると相手は調子に乗りますが、「何よ！」と反応すれば、「こいつは手強い」と諦めるというわけです。少なくともそういう心づもりを持っていれば、いざという時に気合が入るかもしれません。

「要は、その瞬間、いかに相手より有利に立つか、だよ。お前も怖いが、向こうはもっと怖いかもしれない。悪いことをしているんだから……」

ただし、そこから父なりの肉付けがあって、立ち向かうのにも限度があるという、さらなる教えが加わります。むやみに反撃して、やられることもあります。駄目だと思ったらハンドバッグを渡して、そのまま行かせるのです。

「バッグぐらい、なんだ。また買ってやる」

そもそも反撃の目的は、「自転車辻斬り」から離脱し、逃げきることです。怪我せずに逃

げ延びさえできれば、バッグの犠牲ぐらいは何でもありません。

しかし、それが駄目で、もし「辻斬り」と格闘になってしまったら？

肥後守も懐剣も、持ち歩く時はバッグの底の方にあって、とっさには手に取れません。そういう場合は、ペンでも鍵でもハイヒールでも、手近のとがった備品で応戦できるように心の準備をしておくのが、父に言わせれば、サムライの娘のたしなみです。

「指輪もいいぞ！」

そして後は、気迫です。

「殺されても、相手を無傷で帰すな。相手の首も取る気合で戦え」

そのためにも、「手の爪は伸ばしておけ」と言われました。いざとなれば、それで相手をバリバリひっかくのです。その逆襲で相手を一瞬でもひるませたら、それこそバッグの底の懐剣や手近なとんがり備品でもって、首を取る気迫で応戦しろということです。

父から見れば、この十本の爪は、いつも身につけていられる格好の武器なのです。

「基本に忠実」はあくまでも基本

ベテランは先を読む

「チェック・シックス」の教えもそうですが、父の教え方は独特です。

独特な点の一つめが、何にでも論理的な裏付けを用意していること。二つめは、頭で納得させるだけでなく、可能なら実践を伴わせること。そして三つめが、私の理解力に応じて、教える内容をどんどん変えていくことです。死角にしても、初めは単純に「見えないところに気をつけろ」、次に論理的に「何に気をつけるのか、なぜ気をつけるのか」、そして応用編になって「死角にもいろいろある」。

このように段階立てた教え方はどこのご家庭でもされているでしょうが、父の教育は三つめの応用段階からが独特なのです。基本を徹底して教えておいて、私がある程度成長すると、今度はこう教え出すのです。

「そんな基本だけじゃ駄目だ。現実には、例外や逆説を理解することが必要だ」

どうやらこれは父が戦闘機パイロットの教官をしていた時の指導法で、それを娘の私の教育にも応用していたらしいのです。

空戦での射撃の瞬間、戦闘機は必ず直線飛行をしなければなりません。この瞬間だけは、機体をまっすぐにして、狙った敵機に向かわなければ、発射された弾丸がそれて、決して命中しないのです。そこで父は、操縦桿を握ったばかりの初心者には、まず「正しい」水平直線飛行を徹底して教えます。計器盤の旋回傾斜計（アルコールに鉄の球が入ったもの）の球が常に真ん中にあるように飛べるのが優等生です。

しかし、練習生に基礎が身につき次の段階に入ると、こう教え始めます。

「そんな『正しい』飛び方をしていたら、撃墜されてしまうぞ」

別の敵機から見れば、まっすぐに飛んでいるこちらこそが、格好の獲物。後ろにつかれたら、こちらはひとたまりもありません。目の前の敵機を照準に入れ、直線飛行し、撃つ――そのほんの二、三秒のこの時こそ、自分が一番撃たれやすい瞬間でもあるのです。だから父は、初心者には、敵機を照準に入れて撃つ瞬間、必ず真後ろを確認するように教えます。

習い始めた時は誰でも、敵機が照準に入ると「やった、撃てるぞ！」と有頂天になって、自分も墜とされやすい、最も危険な瞬間にあることを忘れるのです。照準を合わせる直前に後方確認をしたばかりだから、この瞬間も自分の後ろに敵機がいるはずがないと思い込むのです。

そこで父は言うのです。

「撃つ直前に後ろを見ろ！」

敵機に背後をとられたまま直線飛行を続けたら、自分の目の前の敵は撃墜できても、次の瞬間には自分も墜とされてしまうでしょう。自分だけが墜とされるかもしれません。とはいえ、後ろをふり返っていたら、目の前の敵は逃がしてしまうでしょう。

しかし、生き残れます。生き残ればやり直すことができ、別の敵機を墜とせるかもしれません。

す。

生き残って、再挑戦の機会を得ること。それが、初心者が学ぶべき一番大切なことなので

しかし、中堅クラスの練習生には、父はもうそんなことは言いません。

「コラお前、これから撃とうって時に、悠長に後ろなんか見ていて、墜とせるか！」

全く正反対のことを言うのです。

撃つ瞬間に敵に背後をつかれるへまなど、そもそもするな。自分が敵機を撃つ瞬間には、次に自分の後ろからかかってくる敵はどれかをすでに見極めておくのです。

例えば、敵機が自分の後方につくまでに五秒、自分が前方の敵を墜とすのに二、三秒かかるとすれば、二秒の余裕が自分にはあります。敵機を撃墜している最中に、二秒後にやってくる敵にどう対処すべきかを、あらかじめ考えておくのです。

つまり、チェックする、しないではなく、常に先を読んでおくことが、空戦においては重要なことの一つなのです。少し技量の上がってきた中級レベルの者には、この「先を読む」ことの大切さを教えるのです。

そして、ベテランになると、状況の先読みはもちろんのこと、たとえ敵がこちらの予測を上回る動きを見せたとしても、瞬時にその攻撃から逃れることができるだけの技術を身につけます。そのためには、こちらの動きを敵に絶対に読ませてはなりません。

弾丸が右に飛んできたら、ラダーペダルを蹴って、瞬間的に左へパーンと旋回しなければ

なりません。そういう瞬時における状況回避の訓練を、父はいつもしていたと言います。霞ケ浦で最初に習ったのとは全く違う、いわば劣等生の飛び方を自在に組み合わせて、自分の動きを敵機に読まれないように、ベテランパイロットは飛んでいたのです。

基本をもとにしつつも、理解力と習熟度に応じて、内容を富ませていく。それが父の教育法でした。

基礎がないうちに何もかも教えてしまうと、相手は混乱するだけです。だから、初心者へ教えるルールは、とにかく単純に。しかし理解力が上がってくると、基本ルールに父なりの肉付けがなされ、例外や逆説がどんどん出てきます。

父に言わせれば、世の中は基本ルールだけで済むほど白黒はっきりしているものではないのであって、

「お前、そこが人生の面白いところだ」

とくるわけです。

人生を安全に、元気に楽しく生き抜くには、基本ルールに忠実なだけでは駄目。そう言い切るところが、今思えば、父の面白いところでした。

必要な嘘もある

その面白さが最も出ていたのが、〈嘘〉に対する教え方です。

「嘘をついてはいけない。正直にしなさい」——幼い頃は。親なら子どもにそう教えるでしょう。もちろん父も、私にそう教えました。しかし年齢が上がってくると、その教えが変化していくのです。小学校高学年になると、「嘘をついてはいけない。だが、皆が楽しいなら、冗談でちょっとつく嘘なら、嘘も方便だ。だが、他人を傷つけるのは冗談でも良くない」

さらに中学生ぐらいになると、「正直でいるばかりが能じゃない。時には嘘がつけるようになれ」

私は、「嘘はいけない。正直が一番」という基本を叩き込まれて育っていますから、「あら?」と思ってしまいます。しかし父は、「人間の社会というものは、馬鹿正直で済ませられるほど、きれいごとばかりじゃない」多感な思春期の娘を相手に、堂々と世の不浄と嘘容認論を説くわけですが、そこは父のことですから、論理的裏づけが待っています。

父が言うには、嘘にはつきようがあるそうです。

小さい頃の嘘は、大抵が、叱られたくないからつく自己保身の嘘です。この種の嘘は、それを隠すのにまた嘘をつかなければならなくなりますし、「ばれたらどうしよう」とビクビクすることが続くのでストレスとなり、体に良くありません。

これは、つくだけ損な嘘です。子どもの失敗など、本人が悩むほどには周囲は何とも思わないもの。それなら早いうちに自分の失態を認め、その報告をし、きちんと後始末をしてしまうのが一番だと、父は言います。始まりは子どもの失敗でも、真実を隠すことでこじれて、周りまで巻き込んでどんどん重大なことになってしまうケースもありますから。

一方、絶対についていけないのは、他人を陥れる嘘です。他人に泥をかけて自分だけ得をするための嘘を、父は絶対に許しませんでした。

では、ついていい嘘とは、何でしょうか。

一つは、言わないでいいことを隠す嘘。

相手を悲しい気持ちにさせるだけなら、それが正しい事実であっても、わざわざ話す必要があるでしょうか。言ってから「しまった！」と失言を取り消すのは、簡単ではありません。「それなら言わずにおいて、後で付け足すほうがずっと簡単」というのが、父の弁です。

もちろん、相手を傷つけても本当のことを言わなければならないケースもあります。しかし、自分の立場でどのへんまで口を挟んでいいのかは、わきまえなければなりません。自分には全く無関係なことや、事情は聞き及んでいても自分が口を出す立場でないことにしゃしゃり出ていくことはないのです。真相を言われた方は不快に感じるでしょう。時には、知らないふりをしてあげるのも思いやりだと、父は考えていたようです。

ついていい嘘の二つめは、誰も損をしない嘘。もっと具体的に言えば、「居留守」です。父の命令で、私はしばしば居留守の嘘をつかされました。

父は印刷会社を経営していたので、「作業中はインクまみれで電話に出られない。手を休めて電話に出て、後にしてほしい旨を説明する時間がもったいない。居留守も仕事の一部だ」

これは私も「仕事の都合だから仕方ない」と納得するのですが、父は時々、自宅でも居留守を使いました。

自宅には、父の知り合いや親類だけでなく、読者やファンが頻繁にいらっしゃいました。父は、事前に同意した会見については、どんな方でも、どんなにデリケートな事情であっても、お約束の日時には時間を空けて準備していました。

しかし中には、何の連絡もなく突然やってくる人もいます。父は、特別な事情に納得すれば、かなり急なことでもとりあえず家に上がっていただくこともあります。しかし、突然の来訪は、プライバシーの侵害であり、こちらには断る権利があると考えていたようでした。

そういう時に、居留守の口上をさせられるのが、大抵私です。

「嘘をついて帰っていただくの?」

「だから、何だ。大丈夫だ。お前に迷惑はかからない」

居留守もまた然り

基本の決まりからはずれたこのような例外・逆説ルールには、多感な年頃の私は戸惑ったり反発したり。また、逆に悪用したこともあります。しかし、今になって「そういうルールも必要」と思えるようになったのは、母の応対を見たからでしょうか。

母は、父親が海軍士官、母親が大村藩の家老の血筋という良家の子女で、道徳をきっちりとしつけられ、父が私に教えたような例外・逆説ルールの必要性を現実に体験することが少なかったようです。

正義の基本を生真面目に守る母は、善良で純真な天使のようで、とにかく嘘がつけない人でした。母のそこが父は好きだったのですが、いかんせん居留守の戦力にはなりません。

母は、父に逆らいはしませんが、居留守を頼まれた瞬間から、「こんなことを私がしなくちゃならないんでしょうか」と、嫌がっているのが顔に出てしまいます。

父からすれば、約束なく来訪した人は、それが真面目なファンであっても、こちらに会う義理はありません。居留守で帰ってもらうぐらい構わないと思うのに、母にとっては嘘をつく罪悪感は、ストレスです。

「坂井は出かけておりまして……」

母の言い繕いに怒った人はいませんでしたが、明らかに居留守を使われたと不快な気持ちでお帰りになった方はあったかもしれません。それを考えると、「嘘もあり」の例外・逆説ルールを学んでおくことは、必要だと思うのです。

そんな母ですから、父は結局のところ「お前がやっとけ」と、私に居留守の大役を振ってきます。父に訓練され、居留守上手になりましたが、後には、正直に申し上げるようにしました。

「約束なしでいらっしゃる方には、お目にかからない規則です。今日のところはお引き取りください。電話でよろしければ、後ほどご連絡いたします」

何様のつもりかと思われるかもしれませんが、実際、父には訪問客が多く、どなたかを例外として赦してしまうのは、ご自分の約束を辛抱して待ってくださる他の方々に失礼だと感じていました。また、執筆中の父は、私でも声をかけるのを遠慮するぐらいの集中力を必要としていたのです。

嘘をつき通す覚悟があるか

そして、ついていい嘘の三つめは、覚悟してつく嘘。

十代も後半になった私は、撃墜王と言われる父を、失礼な表現ですがファンの方が手放しではしゃぐようにはすんなり受け入れられなくなりました。父と関わり合うのを避け、嘘をついては逃避行で家を空けたりするのですが、いつも父に見つけられてしまいます。

そうやって家に戻った時、意外にも父は、私がどこで何をしていたかを尋ねません。ただ、こう言うのでした。

「お前は全く計画性がないな。すぐばれるような嘘をつくのは馬鹿なだけで、笑いものだ」

父がこういう時も「二度と嘘をつくな」と言わなかったのが興味深く、後に訳を聞いたことがありました。

父は答えました。生きていれば、嘘をつくのを避けられない時もある──と。

例えば、戦いの最中、何らかの理由で部下がおびえている時は、はったりでも、怖がっていないふりをしなくてはならなかったのです。現に父は、開戦直後のマニラ空襲の帰りに大暴風雨に巻き込まれた時、風防をいっぱいに引き開け、列機の前で弁当を食べてみせたことがあります。

この時、父は、戦闘の疲労と迫りくる夜の闇と悪天候が重なり、航路に確信がなく、燃料は基地に帰還できるかどうかのギリギリという状況にありました。しかし、父はカラカラの口にのり巻きを押し込んで、笑って食べて余裕のあるところを見せ、自分についてくれば帰還できるのだと、列機の気持ちをひきつけたといいます。

「戦果を挙げて生き抜いてきたのに、天候のせいで列機もろとも死ねるか」

そのような苦肉の策だったと言います。

そういう時に、覚悟をもって黒を白と言い切る嘘なら、つくだけの意義があります。ただし、一度そうと決めて嘘をついたなら、もはや後には引けなくなります。

「それだけの覚悟ができないなら、軽薄に嘘などつくもんじゃない」

そしてもし、その覚悟をするなら、誰かに「実はあれは嘘だったの」と、〝ペロリ〟と浅はかに打ちあけて、共犯を作ったりしないこと。自分独りの胸に秘め、墓場まで持っていくのです。

もっともこれを聞く私は、「嘘のつき方」を熱心に自習する、不肖の娘だったのです。

父の告白

「嘘をついたことのない人間なんて、いないぞ。まあ、うちのお母さんぐらいか?」

と、よくふざけて言う父でしたが、ある時、

「俺がついた一番すごい嘘というのはな、お前だから言うけど」

「え、私に。『共犯は避けろ』とおっしゃっていたのに……お父さまったら」

「まあいい、もう時効だろうから。面白い話があるんだ」

そう言って、少し得意げに話してくれたのが、次の話です。

戦後の闇市時代のことです。父は、戦中に台湾でとてもお世話になり母とも慕うご婦人と、東京で再会する機会に恵まれました。当時のお礼をしたかった父は、その頃見るのもまれだったお寿司をご馳走しようと、小銭をはたいて手配して、やっとそのご婦人をお招きしたそうです。お連れのもう一人と合わせて三人、ある宿で食事をしていたら、急に外が騒がしくなったのです。

警察の一斉手入れでした。その夜、何か特別なことが起こっていたのかは分かりません。

その町の宿の多くは、無認可でした。聞き耳を立ててみると、利用客もそれを承知で来ているというので、とにかく警察署に一斉連行されていくようです。父は、はたと考えました。まず思ったのは、そんな不穏な場所へ恩あるご婦人を連れてきてしまったことへの、痛烈な後悔。しかし、そこは父です。悔やむのは後回しでいい、今なすべきはこの事態を打開することだと、すぐさま頭を切り換えました。

お連れしたご婦人は非の打ちどころのないレディでしたから、いったん連行されても、善良な市民としてじきに釈放されるでしょう。しかしこの動乱の時代、絶対にそうなる確証はありません。父がずっと付き添えればいいのですが、署に入ってしまったら、ご婦人は女性の取り調べ室へ、自分は男の方へ分けられ、結果を見定められません。父は決心しました。

「ここは、逃げなくては」

このお二人は、警察署に連行されるような面倒に巻き込まれるべきではない――。何としても、この場所を脱出するのです。父は、すぐに作戦を立てました。

「私を信じて、言う通りにしてください」

そう言うと、お二人を玄関口に誘導し、こうささやきました。

「誰に何を言われても何も言わず、ただ下を向いておられるだけでいいです。そして、私が『今』と言ったら、ついてきてください」

それから父は、隣の宿まで手入れを進めていた警察を、玄関で静かに待ち受けました。お二人はその脇の陰で、父の指示通りに、両手を前に、顔をうつむき加減にして、黙って立っていらっしゃいます。

まもなくやって来た若い巡査は、玄関で待つ父を見て、警察関係者と決めつけて、事の次第を説明し始めました。これこそ、父の狙いだったのです。

父は巡査の言葉をさえぎると、きっぱり言いました。

「ここはもう俺が済ませた。貴様たちは次に行け！」

「はっ、恐れいります」

手入れの警官たちは、父に敬礼して次の宿へ小走りに向かいます。それを見届けた父は、鋭くささやきました。

「今です！」

しかし、焦って動いて疑われては、元の木阿弥です。父は当たり前の顔をして、私服刑事が逮捕者を連行しているかのように装い、お二人を連れて宿からの暗い路地をゆっくりと歩きます。やっと脱け出た先は、大通り。途端に父は、ご婦人を支えて走りに走り、人ごみに紛れて逃げ切ったのでした。

スカッとする話ですが、なにしろ警察をだましたのですから、父は何十年も封印していたようです。共犯は避けろとあれほど繰り返して言っていたのに……。共犯にするだけ、私を信頼してくれたのでしょうか。

この話で父が言わんとしたのは、嘘についての最終段階の教え。自分の行動が、自分の心に対して説明のいくものかどうか、という点です。もしそうなら、死ぬまで自分の胸に納めて持っていく覚悟で、嘘をつけばいいこともあるのです。

そうは言っても、当の父でさえ胸に納めきれず、とうとう私に話してしまったのですが。そして「共犯」の私も、こうして皆さんに〝ペロリ〟。

物事の本質を理解せよ

名教官・坂井のセミ訓練

父は、教え方のうまい人でした。私が生まれた時代は、サンフランシスコ講和条約も無事発効され、初代ゴジラが日本に来襲した頃。いわば戦後民主主義教育の申し子である私が、武士道にのっとる父の教えをその初歩だけでも身につけられたのは、父の指導が巧みだったからです。

その一つが、訓練の達成度を把握する認識力が正確であることです。

まだ小さい頃、豊島園プールで、足の立たない深さへ放り込まれたことがありました。私は、バシャバシャとあがいて大騒ぎ。しかし父はプールの縁に腰かけたまま、心配する様子もありません。むしろ笑って見ていたようにも覚えていますが、なにしろこちらはガボガボと浮き沈みの最中だったので、確かな記憶がありません。しかし慌てながらも犬かきのまねごとをしているうちに、首をしっかりと水上に出していられるようになりました。

「お、できたじゃないか。それでいいんだよ」

「これでいいの？……ゲホッ」

父としては、泳ぎの基礎訓練はすでにしてあったので、これぐらいは大丈夫と確信しての荒修行だったのでしょう。現に、その日のうちに、私は平泳ぎができるようになりました。

二つめは、自ら模範を示すことです。

同じく豊島園プールで、「頭から飛び込め」と言われたことがあります。私が怖くてためらっていると、父は十メートルの高飛び込みをして見せてくれました。

父は海軍の教官時代にも、同じように自ら模範を示す指導をしています。

父が教官として配属された大村飛行場には、セミ訓練という忍耐訓練がありました。鉄の支柱によじ登り、四肢だけでつかまり続けるという、まさに忍耐と頑張り、腕力の訓練です。父はこのつらいセミをやってみせる教官がいないと気づき、自ら鉄柱を登り、てっぺんで猿のように両足で棒を挟むと、十五分間以上もつかまり続け、煙草まで吸ってみせたといいます。

自分にできないことを無理強いしているのではないことと、訓練すれば誰にでもできることを分からせたかったのでしょう。

ちなみに、海軍で鍛えた父の高飛び込みは落下姿勢も入水の迫力も格好よく、大いに感激した私は飛び込みが大好きになりました。父のセミ姿に感激してセミが大好きになった方もいらしたのでしょうか。

娘のゴルフ特訓もまず理論から

三つめは、ものごとの本質を分からせることです。

例えば娘のファッションに対し、父は「いいのか悪いのか俺には分からんし、流行など知ったこっちゃない」というふうでしたが、

「見てくれは、結局はお前が選ぶもの。しかし、本人の中身がいずれ現れるものだから、考えて選べ」

このように、本質的なところをついてきます。

小学一年の頃、父がゴルフを教えてくれたことがありました。父自身も始めて間もない頃で、娘の訓練を通じて自分もおさらいしていたのかもしれません。わざわざ子ども用本格ゴルフセットを買ってくる、気の入れようでした。

父はまずゴルフの本を読んで、物理的な理論を学びます。それから自分が理論通りに練習

を行い、納得したところで、続いて娘の特訓に入ります。

家にはさし渡し五メートルほどの庭があって、右利きの私たちは、縁側に面して左の板塀に向かってボールを打ちます。

ざっと基本グリップを説明した後、うるさい指示もせずに打たせてくれたのは、私の動きの傾向を見るためでしょう。

ドライバーの練習に使うのは、人工芝のような材質の座布団ほどの大きさのマットで、おちょこ大のゴムの輪の台がティー代わりです。細いティーでは転がり落ちたボールをいちいち拾って置き直さなければならず、時間がもったいないからです。ボールも、当たりが確実になるまでは、ひも付きのプラスチック球を使います。スイングが決まらないうちはボールが思わぬところに飛び、父や私に当たる危険があるからです。

何打目だったか、父が、

「お前、ボールを右手ですくうようにはたいて、飛ばそうと思っているだろう」

目の前のボールを左に飛ばすのですから、「そうだと思っていました」と言うと、「違うぞ。左手で打つんだ」。

ゴルフのスイングとは、右上方に絞り上げていったクラブが、ボールの位置に戻ってくるまでの動きとボールにクラブのヘッドが当たる時の瞬発力で、ボールを飛ばすのであって、本当は左手の甲ではらうように打つものである。父はそう論理的に説明して、後はその練習です。

小学一年の娘に、ゴルフスイングを理論から伝授。でも、それでスパンと打てるようになりました。すると、次は本物のゴルフボールを使っての練習になります。

板塀に向かって本気で打てば、子どもの打ったボールでもかなりの勢いではね返ってきて危険です。そこで父は、厚いキャンバス地の幕を板塀の縦横に張りわたします。

塀の面にただかけているのではなく、板とキャンバス地の間は十五センチほどの隙間を持たせ、しかもしわしわとたわめてあります。飛んできた球の勢いをたわんだキャンバスが吸収し、生地の厚みと十五センチの隙間が激突させないクッションのように作用するので、ボールは皆ストンと直角に落ちてくれるのです。

この後、距離感を教えるために、父は二十分ほどで行くことのできた荒川土手の打ちっぱなしのできる練習場にも、私を連れていきました。見事な二百ヤードのドライバーショットも見せてくれたものです。周りを見渡すと、体格の良い若者たちが四苦八苦されています。「俺のように体は小さくても、真芯に当てれば距離も出せるぞ」と言っていました。

友達と遊ぶ楽しさとは違うけれども、やはり楽しいと思ったのは、一生懸命に教えてくれる父の情熱に幸福を感じられたからだと思います。そして、土手の丘で段ボールで草すべりしたことも楽しい思い出です。

「犬以下」と父が言った理由

父が、指導に真剣だったのは、「時間には限りがある。早く教えなくては」という意識が、戦時中の教官時代に、父に刻み込まれたせいだと思います。

すぐに実戦をこなせる戦闘機乗りを育成するわけですから、とにかく短期間に、より良い内容を教えなければなりません。訓練終了後直ちに前線に放り出される若いパイロットの育成は、平時の民間人には想像も及ばない責任重大な任務であるし、過酷な使命でもありました。

時には、鉄拳を飛ばしてまで鍛え、若い搭乗員の中には父を憎らしく思っていた方もいらっしゃるかもしれません。それは相手の性格やいろいろな条件を考えて、戦時下の父が選んでしたことではあります。育成期間が限られる切羽詰まった状況の下で、なるべく分かりやすく教え、最高のものをいち早くつかんでもらおうという気迫と覚悟が、父にはあったのだと思います。

それが教官・坂井三郎の教え方であり、時には誤解を招くこともあったろう父の厳しさや激しさは、父の真剣な生き方の表れだったのです。なにしろ遊んでいる時でさえも、とても真剣で、「ほど良く、いい加減に」ということがありませんでした。

短時間で覚えさせたい熱意からくる父の厳しさは、鉄拳が飛ぶことはさすがになかったものの、小さい子どもにはかなり辛辣な言葉で表現されたものです。

「三回言って駄目だったら、犬以下だ！」

家には当時アレキサンダーというシェパード犬がいました。生まれた日から父が育てて訓練した、よく人の言うことを聞く気立ての良い犬でした。そこで私は、「アレキはお利口だから」と、のんきなものです。

「犬を褒めてる場合じゃないだろう。犬以下だと言われたら、そこで頑張れ。犬だったら叩いてでも教えるぞ」

それでも、私が四回目にできるようになると、今度はこう言われます。

「やっと、猫ましだな」

猫は一般的に本能的習性が強く、人間に飼いならされてはいても、訓練して犬のように言うことを聞かせることはできないので、父曰く、犬以下なのです。そして私は、それよりはましという意味です。

「でも、まだ犬よりは下だし、アレキよりはずっと駄目だぞ」

限られた時間内での指導の根本にあったのは、「自分の命があるうちに、この子にどれだけのことを伝えられるか」という時間との戦いだったのだと思います。

名パイロット必ずしも名教官にあらず

父は、飛行訓練以前に、もちろん海軍の基礎訓練や艦上訓練を受けてきたのですが、その間は、殴られたり蹴られたりばかりでした。体罰でつらい思いをしたのは父だけでなく、軍のしきたりでもあったでしょうし、軍人の訓練には、体の痛みで覚えさせることも必須なのかもしれません。しかし、父は、どうにも論理的でない個人的な暴言、暴力には辟易していたようです。

その点、戦闘機の教官は、空を飛んでいる時には立ち上がってはたいたりできないこともあり、指導内容が当然論理的で、そこが父の性分に合っていたようです。

父に限らず、戦闘機の教官というのは、さっぱりとしていて、教えるべきことを論理立って教えるタイプが多かったようです。そして、行き着くところは、簡潔に分かりやすくが基本だということです。

父が言うには、自分が教え方を心得ているのは、落第生だったからだそうです。できないことが多く、苦労してやり直しては、また落第した分、教えられる身のつらさ、もどかしさが分かるというのです。

父が尊敬していた戦闘機パイロットは、どなたも技術的に優れ、戦果を多く挙げた方ばかりですが、教えることが得意でない方もいらしたようです。特に、優等生で、学ぶ苦労をされていない方たちは、際立った能力があっても、教える要を得ないのかもしれません。

その点、自分が大いに苦労した人は、駄目な自分にどのようにうまく教えてくださったかを覚えていることが多いのでしょう。そのせいか、教え方にも思いやりや考慮が生まれます。

父自身も、こう教えられて嬉しかったし、分かりやすかったと感じたことを良く覚えていて、反省しながら研究したようです。

これは飛行に限らず、どの指導の場でも当てはまることでしょう。父はよく私の学校の先生方を見ては、

「あの先生は落ちこぼれの劣等生だったと聞いたが、やはり生徒の気持ちが良く分かっているな」

父はよく「飛行機乗りに天才なし」と言っていましたが、「名教官に優等生なし」だったかどうか……。

生き抜くためには「負けない！」こと

いざという場合は「相手と差し違える気で戦え」と言う父ですが、「勝て、一番になれ」と言われた記憶は一度もありません。むしろ、「負けない」ことの大切さを、よく聞かされました。

これは、父の戦闘機乗りとしての経験が言わせたものです。

空戦には、基本的に四種の結果があるそうです。

一、相手を撃墜して自分が勝者になるもの。

二、相手を撃墜していったんは自分が勝者になるが、直後に自分も別の敵機に撃墜される

もの。最初の二人においては相打ちの死です。

三、自分のみが墜とされるもの。いわば完全なる敗北です。

四、燃料切れや弾薬切れなどの諸々の理由で、勝敗がつかないままに両者が分かれるもの。

本当の意味での引き分けです。

このうち、空戦の真剣勝負においては、死に至る二と三の結果は絶対に避けなければなりません。一の完全勝利が最も理想的に見えますが、父は四の引き分けの価値について、声を大にするのです。なぜならば、引き分ければ、次に撃墜するチャンスが持てるからです。次回の参戦権を獲得・保持しているという点で、引き分けという結果は重要です。

一の完全勝利が恐ろしいのは、また勝とうとする気持ちがうぬぼれを招くと、二や三という最悪の結果に陥る要因を作ってしまうからだと言います。父自身、自分の高慢を恥じた経験があるのです。

空戦では、皆が相手を墜とそうと必死であり、どうにかしてわずかな優勢を手にした結果が、勝利への道を開きます。中でも完全勝利はわずかな確率で生じるものですから、そればかりをむやみに追い求めると、形勢の逆転に気づかず、かえって死を招くことも多いと父は言います。

ですから、勝とうと思うより、決して負けないという気持ちを持って臨むことは、全く恥ずかしいことではなく、それを忘れないことはむしろ命に対する積極的な姿勢でもあります。

たった一度の華々しい勝利を美化するよりも、負けないことに努力すること。父は何よりも、生きて帰ってくることの大切さを教えていたのです。

それは、歴戦を生き抜いた父自身が証明しています。

また父は、引き分け同様に、失敗を悪いこととは、全く思っていませんでした。特に訓練中においては、失敗してやり直したことのほうが、すんなりと終えたことよりも、自分の中に教訓として強く残るという点もありますが、より重要なのは、それが次の失敗を防ぐ情報資料になることが多いからです。

誰かが失敗してくれたために、より良いものができるということもよくあります。何が原因だったのかを分析すれば、将来これを避けるためにはどうすべきかが定まり、それを実行に移せます。

ただしその前提として、まずは自分の行動の失敗を認めて反省し、周囲にも失敗を告げて教えを請う必要があります。失敗しっぱなしで改善もせずにおいて、同じことを繰り返していては、次に良い結果が生まれる道理はありません。

自分の失態を認めるのは照れくさいので、誰でも隠したいのが正直なところです。しかし、報告すべき人にいち早く打ち明ければ、どう対処すべきかを学べるでしょう。罰を受けることもあるかもしれませんが、打ち明けるのが早ければ早いほど、罰は軽く済むものです。

「落ち度があった時にキチンと改めなければ、同じことがまた起こるぞ」

その点父は「失敗を恐れない」という、優れた感覚を持っていたように思います。

ただし、命に関わる失敗だけは、絶対に避けなければなりません。

「戦闘中の失敗は、命に関わる。そんなこと、していられるか！」

ということでした。だからことさら、まだ失敗の許される訓練時での失態には恥じること
なく、むしろそこから学ぶことを大切に思っていたのです。

今、何がなされるべきか

起こったことは変えられない

幼い頃から「サムライの娘と心得よ」と仕込まれたわりには、私は普段から結果を急ぐ慌て者で、すぐにスッテンテンと泡を食ってしまうタイプでした。

何か失敗をしでかすと、どうしたものか迷い、どきどきしながら、つい父の顔をうかがってしまいます、「叱られるかしら？」と。

しかし父はそんな私を見て、「何をそんなに慌てているんだ」と苦笑するだけ。

「ものをこぼしたのなら、台ふきを持ってくればいいだろう」

確かに、おろおろしてなすべきことを放ったらかしにしていたら、私がこぼした飲み物は

絨毯に染み込んでいくばかりです。

失敗は誰もがすることで別に悪いことではない、だがそこですべきことをせずに、俺の顔色なんかうかがっているなら、怒るぞ——というのが、父のやり方でした。

起こってしまったことは、どうしたって元には戻りません。だから、まずは事後策を考えて、とにかく前進すること。こぼしたものは拭き取って、新しいのをくんでくればいいのです。「やっちゃった、どうしよう」と泣いていたって、こぼしてしまったものは戻ってこないのです。

いつだったか私が失恋してメソメソしていた時も、父はこう言いました。

「一晩中泣いているのはお前の勝手だが、それでボーイフレンドが戻ってくるわけじゃなし。仲を戻す甲斐のある男なのか、考えたらどうだ」

そして恋の痛手に傷ついている娘に、真顔でこう言い放つのです。

「泣き落としで戻ってくるぐらいの、その程度のけんかだったのか。女の涙にすぐほろりとする程度の男なのか」

出させてみせようゼロの脚

そういう父の思考はいつも、「なぜこうなったか」からではなく、「今、何がなされるべきか」から始まっていました。これも、戦時中に培った感覚です。

戦争中は、毎日がとんでもない事態の連続です。どんな想定外の事態であろうと、現に起こってしまったなら、これはもう仕方ありません。ならば現状を把握し、悪化を防ぐために何がなされるべきかを判断するのが先決です。どこに支障があるのか、その支障は自分の手ですぐ直せるのか、直せないなら何で代替し本来の機能を再現させるのか——と。

飛行中に何か緊急事態が起こった時、「え、どうしてこうなったの」と感情的に自問していても、何の意味もありません。父の口調を真似すれば、

「『どうして、どうして』と何万遍唱えても、遅い！」

唱えているうちに、愛機は燃料切れで墜ちてしまいます。しかし、なすべきことをして最後まで諦めなければ、多くの場合、生還を成し遂げられるのです。

父は、次の手順で対処したそうです。

・何が起こったのかを認識する。

・今何がなされるべきかを定める。

・知識、技術、精神力の全てを総合して、即座に対処する。

大村基地で教官をしていた頃、父は飛行中の練習戦闘機の脚が故障するという緊急事態に遭遇したことがあります。脚が中途半端な位置で止まり、収納も伸出もならなくなったのです。原因は油圧パイプの破損。油のほとんどが漏れ出て、機内からは油圧制御できそうにありません。

愛機九六式艦戦の前で。前線で父は「今、何をすべきか」を問い続けていた

複座の前部座席には、練習生がいます。後部座席の父も、内心は「これは一大事だ！」と思ったようですが、「いやいや、燃料はあと二時間以上飛ぶだけある。つまり、解決のための時間がそれだけある」と頭を切り替え、次々に策を講じていきました。

そこでまず、練習生に宣言します。

「これから教官が、この緊急事態の打開の方法を教える！」

有言実行です。もう後へは引けません。父は、自分の平常心を取り戻すことと、「さてどうしたものか」とを、同時に考えていたそうです。

そして、地上への連絡です。零戦には通信機能がありませんので、紙に現状を書き込んで、報告球で地上に投下し、最悪の事態に向けた待機をしてもらいました。

次は、途中で止まっている脚をなんとか収納することです。油圧が使えないならどうするか。父は代わりに機体にかかるGを利用することを思いつきました。何度か角度をつけた急降下を繰り返し、空気抵抗とそのマイナスGで脚を胴体内へ押し戻しました。これでとりあえず「胴体着陸」は可能になり、事態は一歩前進です。

しかし、それで自分たちは生還できますが、練習機一機が駄目になります。ここで父は考えました。

「Gで入った脚が、Gで出ないわけはない」

今度は逆に宙返りの要領でプラスGをかけて、脚を伸出。ところが、脚は出たものの、空気抵抗を受け、完全に出きらずに中途半端に止まってしまいました。事態はまた一歩後退です。

父はまたしても考えました。

「空気抵抗で出し切れないのなら、別方向から空気抵抗を与えたらどうか」

そこで、機体を痛烈に横滑りさせる操作を繰り返し、とうとう左右の脚を完全に出し切ることに成功したのです。

通常着陸で地上に戻った父は、涙ぐんでほっとした顔の練習生に、後に私に言ったのと同じことを言ったようです。

「機の故障に慌てるな。考えて行動しろ。今日、教官が教えたことを忘れないように。以上！」

そう言う父の全身も冷えた汗でびっしょりだったそうです。

まさに、豊臣秀吉の心境だったという父。

「出さぬなら、出させてみせよう、ゼロの脚！」

織田信長のように「殺してしまえ」では、零戦がかわいそうです。しかし、徳川家康のように「出るまで待とう」としているだけでは、何も起こらないのです。

平常心とキンタマ

緊急事態で「今、何がなされるべきか」を知る、その状況判断に必要なのが、平常心です。父によれば、平常心を最も求められるのは、その場の指導者たちです。

彼らが平常心を失い慌ててしまうと、部下も慌て、組織そのものが機能しなくなります。だから父は、豪雨の中、風防を開いて、のり巻きを食べて見せ、部下に笑顔を取り戻させ、彼らの平常心を呼び起こすのです。

正直なところ、父だって怖くてたまりません。しかし列機にそうと見せたら「小隊長も怖がっているのか」と、彼らの恐怖は増大し、父への信頼感が一挙に薄れてしまいます。信頼感をなくした自分には、もう列機はついてこなくなるかもしれません。そして、自分から離れた列機が自暴自棄になって無鉄砲に飛んだなら、彼らは絶対に生きて帰れないのです。

「坂井は大丈夫だ。俺についてこい！」

道化ているように見られたり、また過剰な自信を偉そうに見せびらかしている、といった批判を真っ向から退ける、父の命をかけた演出なのです。「自分は平常心だ」と部下に示し続けることができるのが、優れたリーダーというものです。

父のような戦闘機乗りの場合、トラブル解決には厳しい時間制限があります。燃料が切れたらそこでアウトなのですから、限られた時間の中でなすべきことをなして生還するには、何よりも「平常心にすばやく戻る」ということが先決で、平常心であって初めて合理的な思考ができ、そこから正しい判断、正しい行動の選択ができるのです。

ここで注意したいことは、大切なのは平常心を「失わない」ことではなく、平常心に「すばやく戻る」ことです。もちろん平常心を失わないに越したことはありませんが、緊急事態に遭えば誰もがうろたえて、感情が高まるのは当たり前なのです。だから、気が動転している自分をいかにすばやく平常心に戻せるかに、重点を置くのです。

とはいえ、平常心を取り戻すというのは、なかなか難しいものです。

父の言うには、基本はやはり、トラブルをあらかじめ想定し、必ず起こると覚悟の上、その訓練を重ねておくことだそうです。

例えば、空中でエンジンが止まるというトラブル。これは、不時着訓練では必ず行います。エンジンが止まっても、揚力さえ保てば、飛行機はグライダーのように滑空し続けます。

「今この機は、発動飛行ではなく滑空である。だから、滑空機の操縦を教える」

そうやって訓練を繰り返せば、上空で実際にエンジンが止まっても、「あの時の訓練通りにやればいいんだ」と、平常心にいちはやく戻れます。

しかし、この思わぬ緊急事態が実際に起こると、そういった訓練をしておいた記憶さえ吹っ飛んでしまうこともあります。エンジン音が止まって機内がしんとした瞬間に、練習生は顔面蒼白。ただ、「落ち着け」と怒鳴りつけても、落ち着けるものではありません。

そういう時、父はこう言うのだそうです。

「キンタマはあるか、確かめろ！」（失礼！〝男同士〟の会話です）

パニック状態で身も心も縮み上がっている練習生は、言われるままに前を探って、涙ながらに、

「教官、ありません！」

「ないはずはない。お前は男だ。必ずある。探れ！」

「あっ、ありましたァ！」

「あったか！　よかったな」

「はい、よかったです！」

その頃には、練習生の顔にも笑みが戻ってきます。そうなればしめたもの。

「貴様の今の気持ち、それが平常心と言うものだ。この次は自分一人でそれを取り戻せる

か？」

練習生は「やってみます」とは言うものの、まだ声は震えています。

「とにかく、キンタマを探れ。『キンタマがあれば、大丈夫』と思って、やれ！」

「はい！」

これは海軍式に、男同士がツーカーで分かる方法であり、効き目抜群だったそうです。

しかし、そんな話を聞かされても、私は生まれてずっと女性ですから、

「でもお父さま、私……ないから分かりません」

これぱかりは、父にも解決できません。ともかく、自分なりに平常心に戻る方法を工夫してみることだと言っていましたが、最も効果の早い「キンタマ探れ」作戦が指導できないのが惜しそうでもあり、「父は男なのだ」と改めて思ったものでした。

結局、私の場合は、「平常心、平常心」と唱えたり、深呼吸したり、自分の顔を鏡でじっと見つめたりしてみます。これは結構、気恥ずかしいことなので、じっと何秒も見つめ続けられれば、それは平常心が私の中に戻ってきた証拠です。アメリカで父と離れてからは、動転してしまった時、「サブロー・サカイ、サブロー・サカイ……」と、まるで念仏を唱えるように父の名前を繰り返して、平常心に戻るのです。

事はなるべく単純に

何においても「今、何がなされるべきか」から考える父にとって、嫌いな言葉は、「どうして私がしなくちゃいけないの」でした。そんなことをぐずぐず言っているうちに、さっさとやってしまえばいいと言うのです。

「だって、『誰がするのか』ではなくて、『何がなされるべきか』っていうのが、仕事だろう」

やることが重要なのであって、誰がやったっていいという論理です。だから、「お茶くみ論争」に、父は辟易です。男女同権も基本的人権もさておき、「私の仕事じゃない」という論争に無駄な時間をかけるぐらいなら、

「誰か気の利く奴が、チャッとやっちまえばいいんじゃないか?」

とよく言っていました。

「そんな次元の低い論争を聞いている時間がもったいない。俺のお茶は俺が入れる!」

そして、私には、一番年下の〝可愛い〟娘が自分から進んで動くのが、一番見栄えが良いと言っていました。

事をややこしくするだけの論議が、父は大嫌いでした。なるべく単純に考え、なすべきことをどんどん進められる状況が、好きなのです。そこに「どうして私がしなくちゃいけないの」が介入してくると、事が感情的になって面倒くさくなるというのです。

父が言うには、正しいリーダーなら、次のように説明して部下の士気を高めます。

「あなたがしなくていいことなんだけど、あなたがしてくれるとありがたいな。あなたが一番上手だから」

働きを正しく評価してあげれば、批判して強制する以上の仕事をしてくれることが多く、自発的に喜んで仕事のできる部下が育つと言います。

そして、そのためには、

「今ここで何がなされるべきかを、皆に良く分からせること。すると、自然に協力する気持ちになるんじゃないか」

もし、そうならない職場があるなら、問題は、できの悪い部下ではなく、ことの本質を教えられないリーダーの指導能力の不足であることが多いと。それが父の結論でした。

「一番星」を見つける父の目

ガダルカナルの上空で機銃弾を浴びた際に、父は右目に風防のガラスや金属の破片を受けました。手術を担当した軍医官の腕のおかげで失明は免れましたが、右目は明度を感知するぐらいの能力しか残りませんでした。「昼間の星も見える」というほど鍛え上げていた父の視力は、もはやなくなってしまいました。

視野の不足と視力の低下から「もう戦闘機乗りとしての空戦は無理か」と、父が自問せざるを得ない状況に陥ったことがあります。

昭和十九年六月二十四日、父は硫黄島南方六〇カイリ洋上で、邀撃(ようげき)戦の命令を受け、アメリカ海軍の最新鋭機グラマンF6Fヘルキャットと交戦。苦戦しながらも二機を撃墜した直後、味方の零戦隊を急いで追いかけます。そして、左前方はるかに見えた十五機の味方編隊に、五〇〇メートルまで接近した時、

「しまった!」

視力不足に不覚! 味方機と思っていたのは、敵のグラマンヘルキャットの編隊だったのです。

そのまま一対十五の空中戦となってしまい、父は、自分の力と経験を駆使して、最悪の局面を打開したものの、この視認ミスは父の零戦パイロットとしての自信を揺るがすものでした。

頼りになるのは残る左目だけですから、目の健康については特に気を配り、家族が目を悪くするようなことをすると、叱ります。ちゃんといい目を持って生まれてきたのに、ないがしろにするのは恥ずかしいことだ、とよく口にしていました。

すばやい状況判断には視力が重要だから、視力と目は大切にしなければいけない、自分のように片眼になってから、視力の大切さに気づいてももう取り返せないのだから、両目が健康なうちから気をつけるべきだと、言うのです。

父は帰宅すると必ず、特製の洗浄液で目を洗っていました。

ザラメ状のホウ酸を薬局で買ってきて、瓶の半分ぐらいまで入れてから熱湯を注ぎ、底に少し溶け残るぐらいの飽和状態にします。その上澄みが洗浄液の原液です。これをおちょこ大のカップに一さじ入れ、水を足して、中でまぶたをパチパチさせるのです。

私たちには毎日洗えとは言いませんが、水泳の後や目がかゆい時は、このホウ酸水が出てきます。私は、目薬というのは、このホウ酸水のことだと思っていたものです。

緑が目にいいからと、遠くの木を見るように言われたりもします。緑陰という言葉を、父が教えてくれたのは、千鳥ケ淵の桜が葉桜になっていた初夏の日本晴れの日だったことを覚えています。

「自分で目を悪くするのは、もってのほかだ。視力の良し悪しで将来好きなことができないと、残念だぞ」

視力を鍛えるために「昼間の星を見ろ」とまでは、さすがに言いませんでしたが、一番星を見つけるゲームは、二人でよくやりました。どちらが早く見つけるか、競争です。

「あそこ、一番星！」

「お、今日はやられたなあ」

飛行機やヘリコプターを見つける遊びもやりました。爆音が聞こえたら、すばやく空を見て、どこを飛んでいるかを見つけるのです。

これは、聴力や空間認識の訓練も兼ねていたのかもしれません。なぜなら、爆音が聞こえた方向を見ても、特に高速のジェット機などは、すでにはるか彼方に飛んでいってしまっていて、追いかける視線が間に合わないからです。これは長い間父にかないませんでしたが、今でも、航空機の爆音を聞くと、家の中にいる時でも、「あ、こっちから向こうへ飛んでいくな」と、その瞬間に反応しています。

私が結婚した後、わが家に遊びに来ていた父は、孫とも同じ遊びをしていたらしく、私の子どもたちは幼い頃、そして今でも、頭上に爆音がするやパッと空を見て、「じいちゃん、ブーン」と口に出して言うのです。小さい頃からの訓練のたまものでしょうか。

それとも、これが血筋というものでしょうか。

八分の一しか父の血をひいていない私の孫娘も爆音を聞くや否や、「上」を見て、「バンチャン（私のことです）。ほら、ヒージー（ひいじいちゃん、つまり父のことです）、ブーン！」

と指をさし、宵の明星を見つけては、

「バンチャン、ほらピカピカ、ヴィーナス（金星）」

と言うのです。父の笑顔を思い出します。

柳生十兵衛の逸話

父は、目を酷使する生活習慣にも敏感でした。

本を読むにもテレビを見るにも、照明を明るくしておくのが好きで、起きている間はあっちもこっちも明るくしたがります。右の視界がおぼつかない分、私たちより暗く感じていたのかもしれません。

私が机に向かっていると、「お前は右利きだから、手元の照明は左側に置け」と照明の位置に口を出してきます。書いていてペン先が影にならないように、利き手の反対側から照らせということです。

夕方、私が電気をつけるために立ち上がるのが面倒で、薄暗がりで本を読んでいたりすると、パーンと頭をはたかれました。

「電気をつけろ。目に悪い」

私が高校生ぐらいになって、ムードを出したくて暗いところで音楽を聴いていたりすると、やはり気にして口うるさく、

「そんな暗いところで、お前、何をやっているんだ」

「あ、大丈夫。音楽を聴いているだけで、目はつぶっているから」

それでも長く暗いままにしていると、また顔を出して、

「ずっと暗いなあ」

そのたびに私は、「今は目を休ませているから」「今日はお勉強がないから、いいの」と、ムードを守るのに必死だったものです。

目を大切にしろという話の後に、父が好んでしたのが、柳生十兵衛の話でした。

十兵衛が五、六歳の頃の、隻眼になったきっかけのお話です。

その時十兵衛は、父親の手裏剣の稽古を見ていました。百発百中の妙技のはずが、なぜか一つだけがとんでもない方向へ飛んでいきました。子どもだった十兵衛がこの父の失敗に思わずニッと笑った瞬間、

「父の修行を笑うとは、何事か！」

手裏剣が飛んできて、十兵衛の右目に刺さったのです。

この時、十兵衛はとっさに左目を、つまり、傷つかなかった方の目をパッと押さえながらも、ひれ伏して身構えたというのです。

後で父親がその訳を聞くと、十兵衛はこう答えたそうです。

「次の手裏剣が飛んできた時、残った左の目もやられたら、戦えません。右目はもう使い物にならないのだから、守っても無駄と覚悟して左目を守ったのです」

どうも作り話くさいのは父も承知でしたが、その時の十兵衛と、右目を失いながらもガダルカナルから決死行した自分の姿が重なるらしく、

「さすが柳生の子はすごかった」

私の前でそう言ってよく話題にし、著書にもしばしば書いていました。

何かで大切なものを失ったとしたら、失ったものにこだわっていないで、残されたものを

守れ――。サムライの娘に知っておいてもらいたい心構えだったのでしょう。

そして、私は、「五歳ほどの子どもがそんなこと言うかしら」と思いつつも、「まあ本当に。柳生の子は小さいのに立派に士族のしつけがしてあったのね」

嘘も方便です。

寝られる時に寝ればいい

同じようにうるさかったのが、睡眠時間です。

父は仕事が忙しく夜はそう早くから家にいることはなかったのですが、在宅の時は、「早く寝ろ、寝ろ」と口うるさかったものです。早く寝れば翌朝の出だしが気持ち良く始められるというのと、睡眠が足りていると目に良いというのが、その主な理由でした。

八時間睡眠が理想といいますが、父自身は仕事が忙しく、徹夜もしばしばだったので、その分、たとえ十五分でも、ぱっと仮眠がとれるのが、父の特技でした。そして、「さあ寝るぞ」と決めた瞬間には、いつでもどこでもすぐ眠りにつけるのです。

戦時中は毎日が臨戦態勢で、夜もいつ叩き起こされるか分かりませんから、父や航空隊員は特に慢性的な睡眠不足だったようです。前線にいる軍人には、当たり前のことなのでしょう。

「そういう時、どうしていたの」

「仕方がないじゃないか。木陰でもどこでも、寝られる時に寝ていたよ」

確かに私が見ていると、「おや寝ているな」と思った十五分後ぐらいにはふっと起きて、寝ぼけもせずにまた行動を開始します。

「お父さま、今、本当に寝てらした？」

「寝ていたよ。あー、寝た、寝た」

起きた瞬間から万全な状態でいられるのは、命がけの戦地で長い間そうしていたからでしょう。軍人ならばどんなに過酷な条件下にあっても、ひとたび出撃となれば、寝ぼけているわけにはいきません。起き上がったその瞬間には、シャキッと離陸準備をしなければならないのです。

寝起きにもコツがあって、「起きろ」と言われたら、まずは目だけ開けて、急に立ち上がるなと教えられました。

たとえ「火事だ！」と起こされたとしても、大した時間の差はないのですから、三秒数えて、ゆっくり起き上がります。そして、足もとを確かめた後、「前後左右上下」と「チェック・シックス」をして、「平常心」が戻ってきたところで、おもむろに動き始めるという具合にします。急に立つと、立ちくらみで、かえって逃げられないかもしれません。これも、小さい頃から教えられたことです。

また、「食べ貯めはできても、寝貯めは難しい」というのが口癖で、寝つき良く、深く眠れるようにするんだと、よく言われました。

「『するんだ』って、どういうふうにするの」

「そりゃあ、そう寝ればいいじゃないか」

こちらはそう簡単には眠れません。特に中・高校生は、夜更かしが楽しい年頃です。ラジオの深夜番組が面白くて夜ふかしが続くと、当然ながら朝がつらくなってきます。しかしそれでラジオを禁止されると悲しいので、朝は極力、陽気に振る舞ったものです。

こちらが疲れた顔をしていると、「昼寝しろ」というのも、よく言われたことです。もし昼寝できないなら、それは大して疲れていない証拠。それなら、夜まで頑張ればいいのです。

「本当に疲れていたら、昼間の十五分だろうが、寝るよ」

確かに、それは本当です。夫の転勤の先々で頼る家族や友人もなく、子育てに専念していた時は、夜、眠れないなどということは全くありませんでしたし。幼い子どもたちと昼寝できるようにもなりました。

人を知れば道は開ける

死闘、一対十五

昭和十九年六月、硫黄島防衛戦が熾烈を極めた二十四日。父は、グラマンヘルキャット十五機の敵編隊に対したった一機で巴戦を戦うという、苦い経験をしています。後に父が語るように、それはまさに蟻地獄の窮地からの生還でした。

この窮地は、すでに右目の視力をほとんど失っていた父が、ヘルキャットを味方編隊と間違えて近づく凡ミスを犯した結果、招いたものでした。この失態を父は後々まで「一生の不覚」ととらえていましたが、一方では、たった一機で敵十五機による追撃から逃げ切ったという点については満足にも思っていました。

父が九死に一生の生還を成し得た要因は、一つには、「勝つこと以上に負けないことが大事」と考え、日頃から回避法を研究していたことが挙げられますが、もう一つ重要だったのは、逃げ続ける最中にあっても苦しさに屈しなかったことだと思います。ただしそれは、苦しみに耐えるための単なる精神論ではなく、父の冷静な人間分析の結果でした。

敵編隊に接近してしまった父の零戦一機を、十五機のヘルキャットは一列となって、大きな円陣を描いて取り囲みました。中心にいる父の前後左右、どこを見ても敵機がいます。一番先にいた四機がいきなり垂直攻撃をしかけてきましたが、これは向こうにとってもかなり無理な動きだったので、父は難なく急旋回して避けました。これを見た第二陣の四機が追撃姿勢を取るなか、先の一陣の四機も再び攻撃をしかけてくるのが見えます。

交代で次々と襲ってくる敵の機銃攻撃に対し、機体を横滑りさせて急旋回でかわすのは、大変なGがかかるものだそうです。父はその苦しさに「ここでもう動きを止めて、撃たれてしまおうか。この次の旋回で諦めてしまおうか」と自問します。

一方で、父は冷静にこう分析していました。

「同じ状況下で相関関係にあるなら、同じ人間である自分と相手は生理的に同じ反応をする。そして、自分が苦しい時は、相手も同じぐらい苦しいはずである」

相手の追撃を回避しつつ父も反撃に出ますが、敵も被弾しません。どの機も急旋回を続けているため、互いに有効弾が撃てないのです。

敵機十五機は父の周囲に円陣を描いたまま、代わる代わる反復攻撃をかけてきます。父は徹底的に追い回されながらも応戦し続けますが、操縦桿を引きっぱなしにしているので、腕は疲労の極限に達しています。

「もう突破口はない。これ以上戦う力ももはやない。逃げる力さえない。俺の空戦生活も今日で終わりか」

しかし、そこで父はふと気づくのです。これだけの敵機に囲まれているのに、こちらに攻撃をしかけるのは、必ず一機ずつだということに。

「そうだ。多数で同時に集中攻撃に出ないのは、互いの接触を避けるための戦闘機乗りの『常識』じゃないか。ならば俺は、瞬間、また瞬間、頭上にふりかかる刃をかわせばいいのだ」

まさに宮本武蔵の心境です。武蔵が『一乗寺下り松の決闘』で吉岡一門と死闘を繰り広げた際、多勢の敵と戦いながら、その一瞬ごとに斬りかかってくる者とだけ戦ったといいます。そうしながらも武蔵は広範囲に目を配り、敵の攻撃の全体のリズムを心得、それをいかに崩すかを考えたということを、父は何度も読んだことがありました。

苦しいのは自分だけではない

そこで、父は降下や垂直旋回のスピードを変え、姿勢も変え、横滑りなどの無理な操縦をしながら、高度をどんどん落とし始めました。敵は、父の位置を読みにくくなり、照準ができないため、有効弾を撃てません。

とうとう父は、愛機を海面すれすれまで降ろすのに成功しました。もし父を追って急降下しすぎたら、敵は海に突っ込んでしまうことになるでしょう。これを避けると、高度を維持したまま父を射撃することになり、ますます弾は当たらないのです。

一方、海面すれすれで飛ぶ父には、もはや下から攻撃を受ける心配がありません。防御範囲は半分になったのです。

これも武蔵の戦法で、多勢を相手に戦う時、武蔵は死角に敵を置かない鉄則を貫いたといいます。川や湖を背にすれば、敵の攻撃範囲は半分。武蔵はそうやって、敵に囲まれるという最悪の事態を避けたのです。

それは、まさに今の父と同じ。

こうして海面すれすれを飛ぶ父に、ヘルキャットの輪舞が始まりました。敵は一機ずつ代わる代わる撃ちかけてきます。父はその都度、それをかわします。これを何度も繰り返すうち、次第に疲れてきた父の旋回が大きくなってきました。これを見た敵編隊は、一度に複数で攻撃をしかけ始めます。

「今までのような旋回は、これ以上は続けられない」

そう判断した父は、一か八か、ぱっと右へ切り返しました。敵の包囲網の一角に作った突破口から抜け出すのに成功すると、父は海面すれすれの高度を保ったまま、それこそ一目散に逃げ出しました。気がつくと、硫黄島の北岸近くまで来ています。

「ここまで逃げおおせたのなら、死ぬのは残念だ」

という気持ちが湧いてきた父は、夢中で味方認識のバンクを大きく左右に振り、味方基地に向かって、叫びました。

「撃ってくれ！」

もちろん、父の声など聞こえるはずはありません。

しかしその時、味方基地から一斉に、敵に向かって地上防御の対空砲火が始まったのです。

すると、十五機のヘルキャットは揃って父への攻撃を打ち切り、全機が反転して引き揚げていきました。

長い時間のように感じられましたが、実際は数分のことでした。父は終わってから、それを知り、驚くとともに、われながら良く逃げ切れたものだと、改めて恐怖がゾーっとよみがえってきたそうです。

同時に、まだ生きていることへの深い感動が湧いてきます。

「苦しさは、自分も相手も同じだ。そして、苦しみを感じるのは生きているからなのだ」

父はまた、その苦しみの長さを冷静に判断していました。

「苦しいのも、相手の燃料が切れるまで。燃料が切れれば、相手は必ず帰っていく」

永遠の地獄ではない。敵機の燃料が切れるまでのあと何分かを耐えればいいのだと、くじけそうになる自分に、父は言い聞かせていたのです。

この話をするたびに、父はこう言っていました。

「人間は、そんなもんだよ。皆、大体同じように感じているものだ。なぜ自分だけが、と思ってしまうと、もっと自分を苦しくしてしまうんだ」

「その場にふさわしい」ということ

父は、軍隊で経験した士官と下士官の様々な待遇の違いについて、戦後しばしば批判を覚悟で発言しています。それぞれに上下関係があるのは仕方のないことですが、上の者は驕（おご）ってはならないし、下の者は自分を卑下することはないのです。しかし、父が接した士官の中には、軍人の階級だけで部下を統制できると考える人も多く、個人の人格や能力に関心を持たない彼らの尊大さに、下士官の父は同じ人間として腹立たしく感じることが少なからずあったのです。

父は、日本における戦後民主主義の意義は、思想の自由と、全ての国民が生まれに制限されない人権が、法によって守られる基盤が整ったことだと言っていました。

社会には、親子や師弟をはじめ上下関係が存在しますが、これは組織を運営する上での当然の決まりであり、人権の平等性を否定するものではありません。父は、このような組織としての上下関係と、人間の優劣とは全く別だと考えていました。

私に、父はよく言いました。

「上司にも、ラーメン屋の親父にも、同じ気持ちで接すればいい」

例えば、上司や目上の方と同席する時も、よそ行きの声を出して追従する必要はなく、その場にふさわしく、自分の声で、普段の言葉遣いで、自然でいればいいと言っていました。そして、私がどんな場でもふさわしく振る舞えるように、父は普段から恥ずかしくない態度を年相応以上にしつけておこうとしてくれたのです。

相手の肩書に応じてやたらにへりくだったり、上品ぶったり、自分を高く評価させようとして知ったかぶりするのは、人格として恥ずかしいことだというのが、父の主張です。相手によって、自分自身の人格を変えることはしてはいけないということです。

だから父は、私が電話で「よそ行き」の声を出すのを好みませんでした。というより、媚びた声で電話に出た後、相手が誰か分かった途端に普段の声に戻すのが、大嫌いだったのです。

「は～い、坂井でございますぅ。……あらなんだ、お父さま？」

途端に、ガチャン。電話が切れます。でも、すぐまたかかってきて、

「馬鹿者！　なんで電話の時だけ、そんなチャラチャラした声を出すんだ。大体、家長の俺が電話しているのに、『あらなんだ』とは何だ、一番丁寧に接するべきだろう」

真意は自分を奉れということではなく、私の無礼もあったでしょうが、態度を豹変させたのが一番気に入らないのです。

一方で、どこでも誰にでも全く同じ態度を取るというのも無理なことで、その場でのふさわしさを尊重しなければいけないとも言われました。

小さなラーメン屋の店主の前で、できたてのラーメンをすすり込む時、父はせっかくの麺が伸びないうちにと、ものも言わずに汗をかきながら、勢いで食べきって、「あー、うまかった」と、コップの水を飲みながら、席を立ちます。「いいよ、とっておいて。少ないけど」とちょっと偉そうに、少し多めに小銭を置いて、店主の顔をちらっと見て頭を軽く下げると、立って待っている人に「や、お先に」なんて言いながら、さっさと出て行きます。これが、父の見せてくれたラーメン屋にふさわしいマナーです。

一方、公式の会食に招かれた時、父はあらかじめドレスコードを確認しておき、その日の会の主旨に応じた色を選んで臨みます。示された席次通りに自分のテーブルにつき、同席の方々と会食を大いに楽しむのです。

もしテーブルマナーが分からなかったら、知ったかぶりをせず、ごく普通に聞けばいいのです。

「このお料理は、どのフォークを使ったらよろしいのでしょう」

そして、もし順番を取り違えてしまっても、格式ある会場の給仕の皆さんは、さり気なく置き換えてくださるし、同席者も本当に品格の備わった方々は、知識のない隣席者をさげすむようなことはなさらないものです。

もちろん、自分を繕わず自然に振る舞うのが一番だと言っても、正直な感情だからといって、好き嫌いだけで人に接してはいけません。

父はゴルフが好きで、コースには一人で出かけていくのですが、たまたま同じコースで回ることになった方が父の嫌いなタイプであっても、態度に出すのは失礼だと考えていました。

嫌な人とコースを回ることになっても、一緒になってしまったからには仕方がありません。

嫌な気分をこれ見よがしにして、全員を不快にさせるのはつまらないことです。

父はこういう時、紳士として常識的にその場を収め、自分のプレーを楽しんで帰ってくることができる人でした。ただし、その人から「またご一緒に」とお誘いが来ても、二度とご一緒することはなかったと思います。

自分だけでなく、皆がゴルフを楽しみたくて来ているのだから、そこは楽しんで帰る。それはゴルフ場でのふさわしい人づきあいのマナーです。そして、嫌な人との後のおつきあいはスマートに断るというのも、父にとって、自分の人生を楽しむにふさわしいマナーだったのです。

「行ってまいります」に心を込める

父は、人と別れる際、気持ちよく別れることを大切にしていました。それは長い別れについてだけでなく、毎朝の「今日も行ってらっしゃい」において、最も徹底しており、わが家では、私がずいぶん幼い頃から、朝、父を送り出す時には、どんな場合でも機嫌よく笑っているようにと、しつけられました。私がぐずっていたりすると、父は、母に「子どもを泣かせるな、こんな時に」という具合でした。

これは、父が軍隊にいた時、朝食を共にした戦友が、昼食の席にはすでにいないということを多く体験したからかもしれません。

「たとえ平時でも、出先で何があるか分からない。一時の別れと思ったことが生涯の別れになることもある」

と、よく言っていました。

こと命に関しては、「人間はいつどこでどう死ぬかは、全く分からないものなのだ」というのが、父の認識でした。

生活が平和で、自分も相手も健康で、特にこれといった問題を抱えていなければ、「まあ、今日も大丈夫」と考えるのが普通です。一般には、「朝、会ったからといって、今夜も会えるとは限らない」と認識すること自体がつらい考えで、縁起が悪いと思われる方も多いのではないでしょうか。

しかし、戦いの前線では、朝一緒に笑っていた戦友が夜までに戻ってこなかったということは、日常茶飯事だったのです。航空基地では、出撃隊が離陸していく時には、整備員も含めた全員が帽子を振って送り出してくれたそうです。父が尊敬してやまないラバウル航空隊の斎藤正久司令は、特に厳しい戦局が予想される日に、攻撃隊を送り出す際には、きっぱりとおっしゃったそうです。

「諸君の何人かは帰ってこないことになるかもしれない。お互い、しっかり顔を見ておくように。そしてできるなら、またここで皆の元気な顔が見たい！」

父は、帰宅時には比較的、口うるさく注文をつけませんでした。自分が帰ってきた時、家族が無事に家にいることが、最も肝心なことだったからでしょう。もちろん母は、玄関で父を迎えて、「おかえりなさいませ」と挨拶を欠かしませんでした。

しかし、出かける際には、戦闘に出て行く兵隊を気持ちよく送り出すように、皆で機嫌良く送り出すのが鉄則でした。その際には、きちんと父の目を見て挨拶しなければなりません。おじぎをしろとまでは言いませんが、こと私に関しては、しっかりと顔を見てニコニコと笑って、「お父さま、行ってらっしゃい」と言うのが決まりでした。

私が先に出かける時も、顔を合わせていかないと、父は面白くないのです。知らないうちに出て行かれるのが嫌なのです。靴を履きながら、半分外から、声だけで「行ってきます」と出て行こうものなら、父の不服そうな顔が目に浮かぶので、私は再び家に戻って、父の顔を見て、決まり通りにニコニコして、「行ってまいります」をやり直したこともあります。

朝の何気ない別れが最後になるかもしれないから、「にこにこする娘の顔を覚えていたい」という父の気持ちは、むしろ当然で嬉しいことです。

父と私が夜口論した翌朝でも、まだお互いにわだかまる気持ちをとりあえず棚に上げて、この決まりは守られました。後で帰宅してから再びやり合うこともあるのですが、出がけだけは一応の「行ってまいります」「行ってらっしゃい」を崩しません。

これを聞くと、偽善的と思う方もいらっしゃるかもしれませんが、これが節度というものです。たとえ意見の違いに憤りを感じても、親子の間の根本にある忠誠は、日々の摩擦程度で揺らぐものではあってはなりません。私自身、子どもを持って実感しました。子どもがいつ出て行ったのか知らずにそれっきりになったとしたら、親として、これほど悔しいことはないと。

私も自分の子どもたちには、こう言って育てました。

「出かける時は教えてね。『行ってきます』って顔を見せてから、出かけてちょうだい」

独りで外に出られるようになると、そういうことを面倒がるお子さんも多いと聞きますが、小さい頃から理由をよく話したこと、そして私の夫が外地勤務の続いたアメリカ陸軍士官だったことなど、「一度出かけたら会えないかもしれない」という状況が現実にあったせいか、私の子どもたちはいつでも「行ってきます」と笑って出かけていってくれたものです。

その後は、まさに「人事を尽くして天命を待つ」思いで、子どもたちが門限までに無事に帰るのを、不良少女だった自分を棚に上げて、祈る思いで待つのです。

第四章

坂井三郎が言いたかったこと

坂井三郎が批判された理由

元士官たちの不満

父の死後十二年になろうとする今なお、父坂井三郎をめぐって、良きにつけ悪しきにつけ、様々な評価が語られています。娘として、誇らしいものもあれば、少々父のことを誤解されているのでは、と思うものまで、本当にいろいろです。

例えば、父の戦後の活動を快く思わない方々がいらっしゃいました。それは、父と交戦したアメリカ人ではなく、むしろ、かつて父とともに戦った元零戦搭乗員であり、特に元士官クラスの方たちの中に多くいらしたように思います。

『坂井三郎空戦記録』や『大空のサムライ』が好評を博し、父は社会的な発言力を持つようになり、大いにそれを活用しました。「お前、戦後民主主義の最大の意義は、言論と表現の自由にあるんだぞ」と常々言っていた人です。

しかし、父に批判的な元士官の方たちは、一介の下士官である父が本を出したことを、快く思われなかったようです。実際のところ、父でさえも、『空戦記録』の出版には、いささか危惧もあり、ずいぶん躊躇したと聞いています。

元士官の方の中には、父以上に活躍し、高い戦果を挙げられた方々も数多くいらっしゃいました。その上、軍の上層部で作戦会議にも参加され、単なる一戦闘員だった父の想像も及ばない経験をされているはずです。高い教育を受けられて、文章も巧みでいらっしゃるのだから、書物で残すものは、そういう方々にお任せしてはと、父は執筆を再三断りました。

それでも父のもとに依頼が多かったのは、読者の興味に応えることのできる体験談を、父が豊富に持っていたからでしょう。ガダルカナルからの決死行や硫黄島上空での一対十五の戦いなど、一般読者の想像力を刺激する壮絶な体験をし、その全てを正確に記憶していた上、それを極めて詳細に記録していたからです。

坂井批判の一つには、戦記の出版というものに対する元士官の方たちの父との考え方の違いもあったでしょう。「敗軍の将、兵を語らず」で今さら負け戦を語るべきを得ず、また、いやしくも帝国軍人が自分の手柄を吹聴するなどもってのほかと、誠実に考えられた方も少なくなかったと聞いています。

また当時は、まだGHQの占領が終わったばかりであり、アメリカ機を多く撃墜した体験談などを軽率に書いてしまって、思わぬ火の粉が飛んで来でもしたら……と、危惧された方たちは一斉に編隊を旋回して危険回避を図られ、そして上空から、事の成り行きを眺めておられたのかもしれません。

ところが、一零戦搭乗員の書いた戦記に対する社会の反響は予想外に大きく、アメリカで出版されることにまでなったのです。兵隊あがりにひとまず書かせてやってみた本が、一般社会で思わぬ注目を浴びることになった時の元零戦搭乗員の反応は、階級によって違いがあったにしても、共感よりもむしろ反感のほうが大きかったと聞きます。

士官と下士官の間の深い溝

大戦中には、父以上に撃墜を果たしたパイロットが、士官・下士官を問わず、数多くいらっしゃいました。昭和十七年に目を負傷した後、昭和十九年の硫黄島攻防戦を最後に外地から引き揚げるまでの父は、療養の必要もあり、内地任務が続いていたので、その間の厳しさを増す最前線を知らなかったのは事実です。敗戦必至の厳しい戦況の中で、アメリカ軍の最新鋭航空機を相手に戦い続けていたパイロットは多くおられ、父はその方たちを深く尊敬していました。しかし、熾烈を極めた戦況の中、その多くが戦死されています。

本当に優れていたのに歴史の陰に埋もれ忘れられていくパイロットを尊敬し、追悼の思いでおられる皆さんが、

「坂井よりもっと凄腕の零戦パイロットはたくさんいた。そういう人を差し置いて何様のつもりか」

と思われる気持ちも、分からないではありません。

「反論や酷評は耳に痛いが、そこから学ぶことは多い。非難が誤解によるものなら、間違いを指摘し、弁明すればよいじゃないか」

父は、よく私にそう言っていました。

しかし、ここで一つ疑問を投げかけてみましょう。もし父が兵学校出身の士官だったら、これほどの批判はあったでしょうか——と。

戦時中の士官と下士官の格差はとても大きかったと、私は、父からも元士官の方からも聞いています。

航空基地内の宿舎での居住条件の格差などは、軍人ですから士官と下士官兵の間に違いがあっても、もっともなことです。それが軍の生活というものです。組織では、上下関係はもちろん、つけるべきけじめもあります。

しかし、食事の内容となると、幾分異なった考え方が父にはありました。

さすがに搭乗員には毎朝、牛乳一本とタマゴ一個が搭乗員糧食として余分についたこともあったようですが、それさえも切り詰めようとした主計長がいたのです。父は、司令の計らいもあり、この主計長をテスト飛行にご招待します。パイロットが日々、どれほど過酷な肉体的任務についているか、いくつかの飛行例を同乗して体験していただいたのです。ほんの一端とはいえ、その厳しさを知った主計長は、下士官兵の食糧の予算削減を見送りました。そうしなければ、平気で切り捨てられていたでしょう。

テレビの公開討論番組にも出演して、日本の将来について訴えていた父

ある意味では、士官と同じように、また肉体的にはそれ以上の労働をしている下士官兵が、食事内容のなどの健康や命に関わる事項において、階級差だけによるこれ見よがしの待遇差を受けるのは理不尽な話だと、父は戦後になって常々語っておりました。

士官の食事の献立や配膳など、一下士官の父が、その逐一を知る由もありません。しかし、士官の側近でまかないをする兵隊たちから、大要を聞けば、食材はあるところにはまだあることぐらいは分かります。

「どこにも食材がないのなら、部下全員に我慢させます。あるなら、食わせてやってください」

幸運だったことには、台南航空隊の斎藤司令が素晴らしい方で、この司令以下、中間から末端の司令官たちも人格的に優れた方々が多かったので、この父の請願が考慮されます。また、父たちの中隊を率いた笹井醇一中尉はしばしば下士官兵宿舎を訪れ、「お前たちの生活は大丈夫か。もっと必要なことはないか」と、親身に気を配ってくださったのです。

そういう優れた司令官の下にいた父は恵まれていましたが、ほとんどの士官は遠く離れた下士官兵の宿舎にわざわざお見えになることはなく、下士官兵がどのような生活をしているかを知る方は少なかったでしょう。ある意味では、限られた私的な時間ぐらいは放っておいてやろうという配慮であったのかもしれませんが、たぶん無関心だったのが本当のところではないでしょうか。

戦時中から下士官兵にも心を配ってくださった士官の方たちは、戦後の父の行動を非難せず、むしろ折にふれて様々な助言をくださり、長年にわたって積極的な支持をいただいたものです。しかし、士官と下士官の間の深い溝は戦後も確かに残り、そこから感情のもつれが生まれたことも実際にあったと聞いています。

戦後ある程度たつと、日本の元パイロットがアメリカに招かれることが増えましたが、行ってみると、英語版の『SAMURAI!』を読んだ零戦ファンの興味は、どうしても父に集中します。父の望むところではありませんが、仕方のないことです。しかし、同行された元士官の方々にしてみれば、「自分たちを差し置いてけしからん！」と腹立たしく感じられたのでしょうか。

また、アメリカ人は元の階級にとらわれず、誰に対しても「あなたは何機撃墜しましたか」と無邪気に話しかけてきたり、遠慮なくサインを求めてきたりします。そこで、真面目に「撃墜は、部隊全体の手柄ですし、帝国軍人は自分の手柄を吹聴しないものです」と答えると、それを日本的な謙遜ととらえ、

「あなた個人のお話をうかがいたいのです」

すぐには譲らない航空ファンも多いのです。アメリカ人にとっては大いなる歓迎の表現であったのですが、単純な好奇心を隠さない彼らに戸惑いを感じられた方もあったでしょう。そこで、アメリカのファンと気さくに接する父を、大衆に迎合する軽薄な者と非難されたのではないしょうか。

父の執筆についても、軽率な独りよがりの言動で売名行為だと指摘された元士官パイロットもいらっしゃいました。でも、私の見る限り、父はそんなことは全く気にかけていませんでした。

「先輩もお書きになったらいかがですか」と反論を歓迎し、

「風評で人をおとしめるのは紳士的ではない。お互い、顔を見て話したい」

とテレビの生番組で対談する覚悟をしていました。

だからでしょうか、父は零戦のコックピットの中が大好きでした。命をかけた戦いでひとたび空に上がったら皆、最終的には自分独りで身を守るしかありません。視力の優れる父が敵機を先に見つけたなら、指揮官機より前に出て「敵機発見」を編隊全体に告げても、「部

下のくせに」と叱る人はいません。空戦中の動きも、自機に関する限りは全て父独りの判断次第です。だから父は、戦闘機の搭乗員であること以上に、自分の個性を発揮できる道を知らなかったのです。

父はコックピットの孤独の中で、自分自身になれたのです。

本当の覚悟

山口二矢と「仇討ち」

いったい、なぜそんな話になってしまったのか――。

中学生だった私は、いつもと同じように両親と一緒に夕食を終えて、テレビを見ながらたわいのない会話を交わしていたのです。

見ていたのは、時代劇だったのか、会話が仇討ちのことになったのですから、そういった筋書きだったのでしょう。見ていた私が何を言ったのか、父は突然立ち上がって書斎のある二階へ駆け上がっていきました。

残された私と母は思わず顔を見合わせました。「お父さまがまた、何ごとかしら……」

駆け下りてきた父は、古くなって色焼けした新聞紙を食卓に広げます。一面に、大きく一枚の写真が載っていました。

何かの演説会らしい壇上に、二人の男が立っています。一人は年配のスーツ姿で、体をかばうように腰をやや曲げながら、両手を胸の前に挙げています。その顔から、黒縁の眼鏡が吹っ飛んで落ちかけています。その男性の真正面にいるもう一人は、まだずいぶん若くて学生服にジャンパーを羽織った姿で、腰をぐっと落として両足をふんばり、開いた体の前で両手に何かを握り、右肘をぐいと後ろに引きつけています。両手に握られ黒く細長く写っているものは、匕首(あいくち)ほどの刃物のようです。周囲からは、若者を取り押さえようとする腕が、何本も伸びています。

「お前、これを見たことがあるか」

「見たことがあるような気も……。いいえ、分かりません」

「これは、社会党委員長の浅沼稲次郎を、十七歳の山口二矢(おとや)が壇上で刺殺せんとするところの図だ」

時代劇の話から突然、昭和の大事件の登場です。母は「あらあら、やっぱり始まった」という顔をして、するりと台所に立ってしまいました。

残された私は、内心「これはまた難しいことに……」と思いつつも、こういうときの父には真面目に対さないと、とんでもない雷が落ちることもあるので、背筋を正して聞いています。

なぜ時代劇から山口二矢の事件が飛び出してきたのか、父は熱心に説明を始めました。山口が浅沼委員長を刺殺した動機について、世間では右翼思想にかぶれたためだと言われているが、そうではなくて、実のところは親の仇討ちだというのです。

山口の父親は自衛官でした。そして当時の社会党は、自衛隊廃止論を盛んに展開していました。自衛隊を廃止するということは、山口にとっては自分の父親が職を失うということです。社会党のような大政党が公共の場で大規模な演説を始めたのですから、山口の危機感は募ったのでしょう。

父が言うには、武士が親の仇を討つということは、不正に歪められて命を落とした主人の汚名を晴らすなりして、一族の将来を守るためでもあるのです。もしある人の行動が、自分たち一族の将来を脅かすものなら、覚悟を持ってそれを討ち取ることが、報復を果たすことにもなるというのです。山口はそこで、自分の父親から職を奪う社会党は仇であると決めたのだ——そう父は説明します。

山口の場合、父親が殺されたのではありませんが、父親の存在否定、すなわち、それに等しいと山口は解釈したのであろうと。

浅沼委員長一人を刺殺したところで、党の方針が消滅するわけではありません。けれども社会党の最高責任者は委員長ですから、敵の大将の首を取ろうという気迫と決断が、山口の行動の背景にはあるに違いない——。

そんなことを、父は諄々と私に説明していきます。もちろん「仇討ち」の主旨だけで、山口の行動を理論的に正当化することは、父の本意ではありません。

腰の構えに覚悟が見える

ここで父は改めて、写真の中の山口の姿を私に示しました。

「この足のふんばりを見てみろ」

父によれば、興奮して包丁を振り回すような人は全く腰が入っていませんが、山口は外足を直角にふんばり内足は相手に向け、短刀の束を腰骨にあてがい、戦闘の構えが理屈にかなっていると言うのです。武道の訓練を受けていたのかもしれませんが、それにしてもこの若さでこの構えはなかなかできない。山口の構えには覚悟が見えると。

父はこの写真を通じて、本当の覚悟というものを私に教えたかったのではないかと思います。

山口はこの後、少年鑑別所で自決しています。もちろん彼の行動は過ちであり犯罪ですが、覚悟を決した行動にけじめをつけて自決して果てたのは、いわば武士道の一つの典型であると。一族を守るという自分の意志を貫き、その結果選んだ手段、つまり人の命を奪ったということに対して、責任をとって自決するという自己制裁の道を選んだ根本に、山口の武士道的解釈があったと、父は考えたようです。

そして、そういう生き方は誰にでも当てはまるものではないし、また彼の行為を決して美化してはなりません。「この若さで、それぐらいの覚悟で生きている者もいる」ということを、父は言いたかったのでしょう。

この時見せられた山口の腰構えもさることながら、私はその顔つきが今も忘れられません。自分を取り押さえようとする手には目もくれず、正面の浅沼委員長を見据えているのですが、その口元が少し開いて白い歯が見えるので、少し笑っているようにも見えるのです。この写真がその年のピューリッツァ賞を取っていたとは、後になって知ったことです。

さて、このお説教の後、父は不意に「お前も練習だ」と言い出しました。「七つ道具」から出した竹の定規を私に握らせ、山口と同じ構えをせよ、と言います。

もう難しい話は終わったようだと見計らって戻ってきた母が、「まあ、そんなことまで娘にさせるなんて」と眉をひそめますが、父は耳を貸しません。

「士族の娘なら、十三を過ぎれば敵と差し違える技や覚悟、乱れない死に方ぐらいは心得ているものだ」

その練習がしばらく続き、戸惑う自分と妙に興奮する自分に、不思議な感覚が走ったのを覚えています。嫌ではなかったのです。最後には、二人とも笑ったりもしたものですが、山口二矢をお手本に「ふんばり」と「腰の突っ込み」を手ほどきしてくれた父の真剣な眼差しが忘れられません。

戦後民主主義の明暗

ノンセクト娘に平手打ち

私が中学生から高校生だった頃、日本は政治運動の熱い時期でした。七〇年安保闘争とベトナム反戦運動がごちゃ混ぜの頃で、私は全学連の東大生が毎週土曜日にはオルグに来る都立高校の生徒でした。現代史研究部と、英会話同好会の部室を行ったり来たりして、放課後を過ごしたり、日比谷の学生集会にノンセクトの黒いヘルメットをかぶって参加したりしたこともありました。ヒッピー的なノリで反戦デモにも行きました。そんなことから高校時代の私は、父とぶつかることが多くなっていました。今思えば、ぶつからせてくれていたのかもしれません。

ある時、私が集会から持ち帰ったチラシを見て、父は書かれた主張の意味を説明するように言いました。私とて、ただ浮かれて参加しているつもりではありません。自分たちが今、まさにどんな「革命」を起こそうとしているのか、熱弁をふるってみせたのですが、所詮は大学生から聞きかじったことの繰り返しです。知識が足らず、反対に父に次々と論破されてしまいました。

例えば、「アメリカに日本やアジアから出ていけと言うが、アメリカが出ていった後に、日本がどういう状況になるのかを、順序立ててきちんと学んでいるのか、どの政党の政策が国家のためにふさわしいかを判断したうえで主張しているのか、その判断能力を証明するだけの知識があるのか云々、といった具合です。

どうにも格好がつかなくなった私は、つい口をすべらせました。

「それはブルジョア的な発想よ」

この時期の若者の多くが、流行り文句のように言っていた言葉でしょう。しかしその途端、いきなり平手打ちが飛んできました。

「遊びに毛が生えた程度で政治運動もどきをしているやつが、いい加減なことを俺に言うな！」

予期せぬことでした。「男だったらぶん殴っているところだぞ」とよく言われてはいましたが、父が本当に手を上げたことはそれまでなかったのです。けんかならよけ技が得意な私ですが、不意をつかれて反応できず、母が何か叫んでいるのも耳に入りません。

ただ、そこは若気の恐れを知らぬところで、今後父がどう出るかによってはこちらも反撃手段を決めて差し違えねばならぬか……とばかり、父をじっと睨み、半開きの拳で構えます。

「殺されても、無傷で帰すな」

そんなところは、私も父に手ほどきされたサムライの娘なのです。この時には政治論争などもう頭にはありません。その態度がまた生意気だというところに始まり、その夜は延々と父の説教が続くこととなりました。

アメリカ軍がもたらしたもの

父によれば、終戦後の日本が手にしたものの中で最も素晴らしいのは、民主主義だそうです。

なぜなら、国家のレベルから見れば、民主主義によって日本は国際政治に同等に参加していける地盤を得たことになり、個人のレベルでは、言論・表現の自由を手に入れることができたからです。

せっかく手に入れた民主主義をどう生かし、この国を独立国家として維持・発展させていくかが、戦後を生きる私たちが取り組むべきテーマだと、父は言っていました。その意味では若い人が体制批判を行うのは、どの時代であっても、当然の青少年期の成長過程であり、むしろ健全なことですが、どんな主張をしている団体が関わっているか知りもせずに、仲間意識だけで集まりに出かけるのは問題だと、ここは私にチクリと釘を刺してきます。

敗戦後の日本に民主主義をもたらしたのは、単純に言えばアメリカです。日本の民主化は、ソ連との勢力争いや占領統治に楽だったという理由があったかもしれませんが、少なくとも日本固有の文化と国語を残してくれたことは、父が言うには「敗戦がもたらした最大のお祭り」だそうです。

また、日本がとにもかくにも二国に分割占領される悲劇を免れ、独立を保てたのは、占領というかたちではありますが、アメリカ政府及び占領軍がほかの国から擁護し、物質的な支援を長期にわたり維持してくれたからであり、少なくともこのことに限っては、日本政府と国民はアメリカにじゅうぶんに感謝しなければならないとしていました。

「ただし——」と父は続けました。

アメリカ軍はただ純粋な慈善でそうしたわけでなく、極端に言えば民主主義を餌に日本の取り込みと骨抜きを図ったという点を忘れてはならない——、それが父の主張でした。

従順で利用しやすい日本

なぜ父がそう考えたのか。それは戦後の教育を見てのことでした。

民主主義になったからには、誰もが自由に持論を展開できるはずです。政治的に異なる意見があれば、論争を繰り返すのが当たり前なのです。しかし、義務教育のうちに、母国の史実やその真相を具体的に学べない限り、過去を客観的に分析し、非を改めようとする意識を育むことはできないでしょう。

言い換えれば、九年間の義務教育が国民の基本的な思考の傾向を方向付ける可能性を考えると、教科書が国家の歴史の概要だけをあたかも天災が降りかかり、過ぎていったかのように記述しているのは不十分ではないか、その結果、説明に納得しやすかったり、既成事実に疑問を感じなかったりする青少年を多く育ててしまうのではないか、そして、論争を好まない、合理的議論の不得意な日本人をつくってしまうのではないか、と父は懸念していたのです。

日本の政治が、内政面での権力争いに走りやすく、本来の論議が効果的に行われないのは、高い教育を受けた政治家諸氏でさえも、討論の姿勢を初期の教育の場でじゅうぶんに学んでいないからであり、その傾向が、日本人の国民性の短所になってしまっていると、父は感じていました。

日本の教育がその程度のものに留まるように、終戦直後の占領軍による合法的内政干渉を、アメリカは巧みに利用し、管理した教科書の記述内容によって日本人を洗脳した——父はそう考えていました。

そう言われてみれば、父は、私の歴史の教科書を新学年になるたび必ず読んでいました。どうも気難しい顔をしていたのは、

「まだまだ日本はこの程度か」

と思っていたせいでしょうか。

戦後処理の間は、アメリカも、今後の日本が再び自らにとっての脅威になり得るかを警戒していたはずです。そして、そうさせないためにこそ、アメリカは自国に協調しやすい日本

の体質改善を図ったのです。そしてその危惧を、今のアメリカは全く持っていないでしょう。

父によれば、アメリカはもはや、

「ここまでくればもう大丈夫。日本人はこの程度で、このままだろう」

とすっかり満足しているだろうとのことです。

父は、アメリカ軍に招かれて対談する際に、よく冗談ともなく、特に司令官クラスの方々にははっきりと問いかけてみたものです。

「皆さんは成功しましたね。日本は従順で利用しやすいでしょう」

何もせずに平和を維持できるのか

では、もし教育が初歩から正常に機能して日本人が正しく民主主義を理解し、そして駆使できるなら、私たち日本人は何をすべきなのでしょうか。父によれば、その第一が憲法改正であり、特に再軍備の現実的な見直しです。

「決まりは変えられる。ただし、決まりを変える決まりがある」

父は、私にこう教えてきましたが、その行き着く先には、憲法改正論議までが展望にあったと、晩年までの会話の中で実感しました。

父は、戦争とは独立国家にとって欠くことのできない国際政治上の「権利」であり、抗争終結のための最終手段だと考えていました。どの国もその権利を行使できるのに、一国だけ軍備を持たないでいるのは、それは猛獣の檻に丸裸でいるも同然です。この話題になると、反射的に拒絶感を持たれる読者も多くおられるのは、覚悟の上です。

言うまでもなく、父は戦争を奨励しているわけではなく、平和を願う民衆が反戦を主張するのは当然だと考えていました。しかし、国家が本来の「権利」としての戦争を放棄するのは、それとは別のレベルの話だと認識していたのです。

日本がこれからも独立国として国際社会で発言権を持ち続けるためには、再軍備についての真剣な姿勢を示さなければ、独立国としての威厳を失うだろうと、父は考えていました。そうしないと日本は、近い将来国際サミットからも外されてしまうだろうと、懸念もしていたのです。

さらに、父が最も危惧していたのは、そういった論議自体を拒絶したり、タブー視したりする日本社会の傾向そのものでした。戦後生まれの人は「戦争の話は聞きたくありません」と言い、戦争を経験した人は「話したくありません」と言い、無関心のまま、「日本は二度と過ちを繰り返しませんから」と、軍事的な危機管理をしないでいて、悪意ある外国が攻めてきたらどうするのでしょう。

スイスも永世中立国であると、その平和思考を強調する方々もおいでですが、山岳に囲まれたスイスと八方開きの日本では、立地の条件が全く異なり、思想の高尚さだけでは、自国防衛は成り立ちません。

そして、日本は戦争を放棄しても、戦争は日本を放棄していないのです。大砲や機関銃がこちらを向いていて、こちらにも使える兵器があるのに、「専守防衛の決まりなので、撃たれるまでは撃ち返しません」と言っていたら、次の瞬間には誰も生き残っていないかもしれないのです。

現実にはそういう観念的以上の訓練を日本の自衛隊がしているのに、政治家さえもが外国軍隊との合同演習は、憲法の軍備放棄に反するのではないかなどと、真面目な顔で危惧するのを、私の外国人の友人たちは「何もしないで平和を維持できる日本はうらやましい」と皮肉を込めて言います。

「向こうが攻めてくるまでは、何もできません」といって他国に守られているだけの国は、いつか見放されるでしょう。たまたま日本は戦略的に合理的な位置にあるので、アメリカ軍はまだ守りを解きませんが、国際情勢が変わり、利害関係が変わって、日米間の安全保障が揺らぐ可能性は常にあるのです。

父は、アメリカ軍人との会談の場で、こんなこともよく言ったそうです。

「あなたたちは守らなくてもいいものを守ってくれていますが、多くの日本人はそれに気がつかないようです。もし皆さんが出て行ったなら、このままの日本はもうどうにもならないのですがね」

相手は皆「まあ、そういうことでしょうね」とうなずくそうです。

父が話すこういった理論に対しては、思春期の娘には反発もあり、葛藤もありました。親しくしていた学友や先生たちの中には、そういう父の考え方を軍国主義として、真っ向から非難する向きもあったからです。それでも、私には、父が軽薄に自分の趣向だけで話しているのではないことが分かっていました。

民主主義を根本的に尊重し、アメリカも大好きな父が、あえてアメリカが戦後の日本に与えた大きな社会異変を軍事的にも政治的にも分析研究したうえで、感じていたのはどんなことなのか。

父の憂国が、何に起因していたのか。わが祖国日本が、そして日本国民が、その尊厳を真に維持していくためには、国際社会にどう参加していくべきなのか――。

これが、坂井三郎が日本国民に言いたいことなのです。

決まりは変えられる

これまでにもいくつか紹介しましたが、わが家には「うちの決まり」というのがたくさんありました。教育熱心なご家庭も同じでしょうが、違うのは、その決まりを作った父がこう言っていたことです。

「決まりは変えられるぞ。それが民主主義だ」

民主主義の社会では、人に上下はなく、自分の意見を誰に対しても自由に言える。父がそれを実感したのは、天皇が人間宣言をした時だそうです。戦時中の軍隊では、上官に反論するなどあり得ないことでしたし、そして軍規はともかく封建制が長く続いた日本にあっては、父の少年時代も、本家の家長など目上の人には逆らえないという状況がありました。それが今や、天皇陛下でさえ一人の人間として生きることになったのです。「民が主である」という民主主義の基本を実感できたそうです。

「決まりは、憲法だって変えられるんだぞ」

なぜ、そんな話題を父が話したのかというと、当時中学生だった私の水泳熱が関わっています。

父に豊島園プールに投げ込まれたおかげで、小学校の頃から私は泳ぎがけっこううまく、中学では学校代表で区の水泳大会に出ることも毎年のようにありました。そして、もっと泳ぎたいのですが、学校には授業時間内とせいぜい夏休み中の決められた時間しか、プールには入れない規則があって、なかなか泳げません。ある日、それを父の前でぶつぶつ言うと、

「だったら、その決まりを変えればいいだろう」

「え、決まりって変えてもいいの?」

「放課後や日曜日に忍び込んで、泳いでくるわけにもいかないだろう」

その決まりを百人中九十人が嫌だと思っているなら、たった十人のために九十人が我慢しているほうが不条理です。多い方の意見をとるのが民主主義なのですから、九十人の力で十

人を説得し、決まりを変えればいいのです。そこで父は、まずはいつも区大会に引率してくださる先生に話をして、校長先生にお願いする段取りをつけていただいたらいいと、指南してくれました。

「でも、生徒が校長先生のところに行っちゃっていいのでしょうか」

「校長先生だって、人間だ」

父の故郷である佐賀の諺ではありませんが、「鴻池のお嬢さんでも、（お嫁さんにいただけるかどうか）聞いてみにゃ分からん（駄目でもともと、とにかく聞くだけ聞いてみろ）」というつもりで、「水泳部を作って放課後もプールを使いたい」と言ってみたら、校長先生も「問題はない」というお返事です。ただし、校長である自分の一存で決めるものではないので「生徒で署名をとったらどうか」とアドバイスをくださいました。署名運動をしたところ、あれよ、あれよという間に水泳部創設が決まりました。

父に報告したら、「よしよし」と満足げでしたが、同時にこう釘を刺されました。

「民主主義では、決まりを変えられる。だが、決まりを変えるための決まりがあるから、それを守らないと駄目だ」

決まりを変えて良いといっても、一人で勝手に変えては、それは規則を守らないのと同じです。変えるための決まりをきちんと守るところに、民主主義の本質があるのです。

リーダーには責任がある

ただし、変えたいという決まりも、それなりの理由があって決まっているのだから、それも熟慮しなければならないと言われました。

例えば、なぜ歩道や路側帯と車道の区別のない道路では、人が右側で自動車が左側通行なのでしょうか。自動車は後ろから来る物体は避けにくいけれど、対向する物体なら、動線が重なっても避けられます。歩行者と車が対向する決まりは、そのためだという解説です。

「いいか。この決まりを最初に決めた人は、そこまで考えているはずだ」

もう一つ言われたのは、決まりを変えた者の責任についてでした。決まりを変えた以上は、その主導者にはそれなりの責任があるのだと、父は言います。

水泳部の件でも、私と、同じように「放課後も泳ぎたいね」と言っていた友達と二人で責任を取ることになって、部長と副部長になりました。父も「そうでないと、統率がとれないだろう」と言います。

これはいかんせん大変でした。プールの管理までも、水泳部の仕事になったからです。冬の間、「金魚のお池」になっているプールを、金魚をすくって水を抜いて、たわしでこけを落とさなければならないし、入水前の消毒用プールの掃除も、シーズン中は水泳部の仕事です。全校生徒がお尻を洗った水を、私たちが始末しなければならないわけです。

考えてみれば、まだ署名活動をしている頃、父にこう言われていました。

「やりたいというだけで突っ走ると、大変なことになるということも、考えておけよ。仕事が増えるぞ」

世の中には、新会社の代表におだてられて着任し、後でとんでもない目に遭う方もいらっしゃるようですが、どうもそれと似たことになったようです。

ちなみに水泳部の顧問の先生方は父の読者で、私が大人になってから再会した際に、当時のことをうかがったところ、

「そりゃあ、あなたのお父さんには相談したよ。事を始めた者として、道子さんにはどれぐらいの責任を取らせたらいいかってね」

どうやら私は、父の手のひらの上で踊らされていたようです。

「昭和天皇戦争責任」発言の真意

一つの記事があります。平成六年十一月二十六日付の朝日新聞の記事です。ベタ記事ですが、見出しには『天皇に戦争責任　「撃墜王」が発言』とあります。その内容は次のようなものです。

――旧海軍の零式艦上戦闘機のパイロットで「撃墜王」として知られ、ベストセラー『零戦の真実』などを書いた坂井三郎さんが二十五日、東京・有楽町の外国人記者クラブで講演し、「昭和天皇には戦争責任がある」と発言した。外国人記者の質問に答えたもので、その

理由として「最高指揮官には最高の責任がある」などと語った。

戦後五十年を来年に控え、当時の軍人や外交官を招き、話を聞く企画で、第一回に坂井さんが招かれた。天皇の戦争責任について、坂井さんは「軍人から言うと、天皇の責任はもちろんある。最高指揮官であり、私たちは開戦の詔勅を信じて命をかけて戦った。命令した人に責任がないなどということはありえない」と明言。

ただ、天皇制は必要だとし、「国民統合のために天皇がおられることが良いと思う」と語った。──


講演は、平成六年十一月二十五日、有楽町の外国人記者クラブで開かれました。太平洋戦争終戦五十周年を記念して、当時の外交官や軍人を招いて話を聞く会として催されたもので、父がゲストスピーカーの第一号でした。一通り講演を済ませた後の質疑応答で、ある記者から「昭和天皇には太平洋戦争に関して責任があると思うか」と尋ねられたそうです。その時のことを、父は、評論家の村上兵衛さんとの雑誌の対談の中で、こう話しています。

「戦争は、両議院で議決され、政府が認め、天皇に上奏されて、詔勅によって始まったのであって、戦争の最高指揮官は天皇であり、命令者である。その方が、勝てば最高の栄誉、負ければ最大の責任、当たり前だ。ただ、どのように責任をとられるか、それは我々の論ずるところではない。あるかないかといわれれば、あるに決まっている、と答えた。そしたら翌日、朝日新聞が、ただし書きを入れないで、『坂井三郎、天皇責任論を説く』とやったもの

だから、もう賛否両論の電話が次々とかかってくる」（『正論』平成九年二月号）

結局、昭和天皇の戦争責任を国際的な記者会見で言及したということで、大袈裟なことになりました。警視庁から護衛を自宅につけましょうかと申し出がありましたが、父は丁重にお断りしました。

対談では、父はこう続けています。

「こんな無謀な戦争を計画し推し進めたその責任者たちの責任を問わなければ、この戦争は終わらない。それをあいまいにしてしまったから、五十年このざまです。残念ながら日本は早くて五十年、遅くとも百年でもう一遍つぶれるでしょうが、そうなっちゃいけません。そうならない様に私たちが生きている間に、いろんな議論をして、戦争の総決算をしなくちゃならない。そうしなければ、どこまでも妙なＤＮＡをひきずっていくんですよ」（同前）

この父の言葉が全てだと思います。

死を軽々しく考えるな

叩きつけられた裁ちバサミ

マーティン・ケイディン氏らが調べた公式記録からの算出で、父は計六十四機の敵機を撃墜したとされています。父自身は「墜ちていった最後まで確認できなかったのだから、本当に撃墜したかどうかは分からない」としていましたが、数十機を撃墜したのは確かです。「機」と書くと、ただ機械を叩き落としただけに聞こえてしまいますが、その中には人間が乗っていたのです。そして、戦死したり、負傷したりした方がたくさんいらしたのです。

戦争で生死をかけた戦いを経験した方は、皆さんそうでしょうが、父は命というものをとてもとても重くとらえていました。

中学三年生の時、私はそういう父の心を逆なでする言葉を吐いて、ひどく怒らせたことがあります。言った事情は今ではもう覚えていないので、たぶんごく軽い気持ちだったのだと思いますが、父の横でこう口走ったのです。

「あ〜あ、もう、死にたい」

当時はベトナム戦争が深刻化する一方で、朝食中に家族で見るNHKニュースでも、ベトナム戦争の負傷者・戦死者・行方不明者数などの情報が毎日出され、抗議の自殺者の報道などもよく出ていた時代です。ニュースがそういった戦争関連情報を流すたびに、父は「つまらないな、あんなふうに死なせて」「そんなふうに簡単に死ぬのは、もったいない」と、悔しそうな感想を述べていました。そういう雰囲気のリビングで、私は「死にたい」などという言葉を、軽く口にしてしまったのです。

あ、しまった――と思った瞬間、時すでに遅し。

目の前のテーブルに、バン！　叩きつけるように置かれたのは、一丁の裁ちバサミでした。

続いて、頭の上から父の怒号が降ってきました。

「そんなに死にたいなら、ここで死んでみろ！　俺が後始末してやる！」

私はあまりのことに、馬鹿なことを言った後悔も父の叱責への恐怖も感じることができぬまま、この裁ちバサミで、どうすれば死ねるものだろうとぼんやり考えながら、テーブルの上の裁ちバサミを見つめていました。すると父は、

「ひと思いに喉を突けば、死ねる。だが、痛いぞ！　本気で思ってもいないのに、死にたいなどと口にするな！」

この後、会話がどう終わったか、思い出せません。父が長い間怒鳴っていたという記憶もありません。ただ、その時の裁ちバサミの影像はこの目に焼きついて、今もはっきりと思い浮かびます。

軽薄に、命を軽んじてはいけない。これは父にとって、重たいけれど一番単純で、全ての基

父との数少ないツーショット。「命」について多くのことを父から学んだ

礎を貫く決まりでした。

私も含め、戦争体験のない人に、これを体験者と同じように本当に理解しろというのは、無理なことかもしれません。生死をかけた体験をしたことがなく、平時を普通に生きていて、この重たい決まりが百パーセント分かることはないかもしれません。

けれども、寿命をまっとうするために、自分の命を大切にすることが、せっかくいただいた命に対する人間の義務だと、父は考えており、誰かが軽い気持ちで「死にたい」とか「死にたくない」と言うのを、心底嫌っていました。

人の命には替えられない

私が、夫の赴任でケンタッキーの陸軍官舎にいた頃、二匹の黒猫を飼っていました。ちょうど娘が生まれたばかりで、ミルクの匂いに惹かれるのか、猫たちは娘のベッドに入りたがります。たまたまわが家を訪れていた父が、その様子を見て、こう言いました。

「乳飲み子の顔の周りで、動物を自由にさせているのは、不潔だろう」

夫の転勤の時期が迫っていることもあって、猫たちは知り合いの農場にもらってもらう話がすでに決まっていました。でも、私はそういった説明はせずにいたので、父の助言を軽く聞き流しているように見えたのかもしれません。私のほうは数日して手が空いたら、猫を農場に連れて行けばいいと思っていたのです。

ところが翌日、父は私たち夫婦の前へ来て、きつい声で言うのです。

「猫を連れて行くところがないのなら、俺が今すぐ始末してやる！」

真剣な顔です。

父は犬猫が嫌いなほうではなく、家に迷い込んでくる野良猫をかわいがり、犬にはない気ままで野生に近い本能的な習性を興味深く観察していました。虫もゴキブリしか殺しませんし、魚釣りでも、「食べもしないのに、娯楽でとるのはかわいそうだ」と言っていたくらいで、動物虐待などはもってのほかの人です。しかし、

「むやみに命を取りたくはないが、娘の健康とペットをかわいがるのとどっちが大事か、お前たち親が分かっていないのなら、仕方がないだろう！」

驚いた主人は、急いで猫たちを農場に引っ越しさせました。

全ての命の重さは皆同じというきれいごとは、父には通用しません。動物と人の命の価値が同じと思ってしまえるのは、平時に様々な選択が許されていて、初めて可能なことであり、それは実に贅沢なほどの環境にあるからだ、と父は言います。

家族同様にペットを可愛く思う気持ちや、野生動物への愛護に反論はありませんが、自分の責任下にある家族や部下の人命に関する限りは、まず他の何をおいても、それが先決なのです。

スポーツに命をかけて何になる

テレビを見ていて、例えば国の代表に選ばれたスポーツ選手が、インタビューで「命がけで頑張ります！」などと言うのを耳にすると、父はボソリとつぶやきます。

「何もそこまで大袈裟に言わなくても、いいんじゃないか？」

そういうコメントが出るたびにテレビ画面に向かって何か言うので、私は、「やっぱり、いちいち気にかかるんだな」と思って聞いていたものです。自分が大いに応援している選手にもそうでした。

〝命がけ〟という表現が、嫌いなのです。父にしてみれば、スポーツは「命をかけるほどのことではない」のです。金メダル候補者がメダルを取れなかったとしても、それはそれでいいじゃないか。観客は試合の成り行きを楽しみ、勝敗の興奮もじゅうぶんに楽しませてもらった、と。もちろん選手にしても本当に命を投げ出すつもりはないでしょうが、意気込みの度合いに命を引き合いに出すことそのものが、父には軽薄に感じられたのでしょう。

「命をかけるのは、戦争だけだ」

という、父がもっと嫌いだったのは、「死んでお詫び」という観念でした。

何かとんでもないことをしでかしてしまった企業の責任者が、「全て自分の責任です。死んでお詫びをします」と書き遺して、命を絶ってしまう。その多くは、中堅どころの現場の管理職です。

父は言うのです、「それでは、死んだ甲斐がない」と——。

死者を批判しているのではありません。ここでその人が死んでしまって、様々なことがうやむやのまま終わってしまうことが、父には腹が立ってならないのです。

最も重要な情報を持っていたはずの人がいなくなってしまえば、原因追及はそこで終わってしまうことが多く、責任者が死を決意するほど大変な状況であったにもかかわらず、事の実態が隠蔽されることもあります。本当は別にいるかもしれない真の責任者も分からなくなってしまいます。

「いや実は、事の引き金になったのは私です」

という部下がいても、事を引き起こすような指示を下したトップの責任さえ曖昧なままです。批判的なアプローチをした報道陣も、死に追い詰めたとの非難があれば、ことさらの後ろめたさからか、追及を慎んだり止めてしまったり、その死を美化したりして、全てを収束させてしまうのです。これは最悪の例ですが、現代の日本社会で聞いたことがないとは言えません。

本当のお詫びとは、最後まで生きて責任を取ることだ——。父はそう言っていました。この状況で具体的にどう責任を取るかであり、それをする前から、命をもって責任に代えるというのは、きつい言葉ではありますが、「やはり逃げだ」と言うのです。

死を美化してはならない

一方で、真面目に職務に取り組んで命を失ってしまうという状況も、父にとって非常に残念なことでした。例えば、犯罪者を捕まえようとした警察官が、逆に撃たれて殉職してしまうといったケースです。

私などの一般人は、ピストルでいきなり撃たれるのですから、防御も反撃もできない無理からぬ状況だと深く考えずに思うのです。しかし父はそこで止めません。

「警察官はプロの戦闘要員だ。そうならないような訓練を受けていたはずだ」

それにもかかわらず、撃たれてしまうのは、プロとしての技量に乏しく、戦闘要員としての意識が低いと言うのです。

自分の技量だけでは犯人を制圧できないという状況判断があるなら、援護を頼むなりして、同時にこれ以上の状況悪化が起きないように努力するのが、プロの選択です。それに対し、興奮にまかせて瞬発的に立ち向かっていって、殺されてしまう。これは戦闘要員としてはあるまじき行動で、間違いだと、父は言います。それで犯人が取り押さえられたならまだしも、逃がしてしまったのでは、元も子もありません。

一つの命が失われたことについては、殉職者のご家族の悲しみが父に分からないはずがありません。むしろ、父だからこそ、深い同情も感じているのです。しかし、その一方で、戦闘の客観性からのみ総括すると、本来の目標が達成されないままに命だけが失われたことに、強い批判を寄せるのです。別の手段を選ぶべきであったろうと。

これは父の一貫した思いであり、米軍や自衛隊、警察のプロの戦闘要員である方たちと話す機会がある時は、必ずこの考えを述べていたようです。もし現場で殉職のような事態があったり、戦死者が出たりした場合、戦闘要員を育成するリーダーたちは特に、徹底的に状況を分析し、正しく評価し、それに応じた教育を続けていかなくてはなりません。

しかし、死者にむちを打つという非難を避けたいため、このような分析は、日本人はなかなかしたがらないことが多いようで、世論も命と引き替えることで責任は果たされたものと解釈したがります。

父は、一般市民が死についてそう感じることは、人それぞれでやむを得ないことかもしれないと思っていました。しかし、報道がそのように仕向ける書き方をするのには批判的でしたし、そもそも単に死を美化する記事には大いに問題があると考えていました。

そして、せめてプロの戦闘要員である人たちは、一般市民と一緒になってそんな美談を受け入れてはいけないはずだと。父は常々そう言っていました。

いかに困難を切り抜けて生き残るか。その術（すべ）を学ぶのが、戦闘要員の仕事であって、その過程では死者にむち打つかごときの真相解明が必要なこともあります。

戦闘に「死を恐れずに」参加するのは、戦争においてのみ要求されることであって、民間にあって最も重要なことは犠牲を出さないように備えることだということを、父は伝えたかったのです。はやり立つ心を抑えて、軽率な行動をしないことは危険に飛び込んでいく以上の強い意思を必要とすることがあります。

そして、その両方を踏まえて、私たちは「立つか」「伏すか」の選択をしていくのです。

それが、武士道だということも、父が教えてくれました。

そういう父を想う時、私の心を満たすのは、「勇気」です。父の気迫と情熱、厳しい愛情の深さが、そこには込められていたのです。

おわりに――坂井三郎の思い

父、坂井三郎は、その死後十二年になろうとしている今も、様々な文献の中に健在です。父について書かれたものはあまりにも多く、その全てに目を通すことはできません。今でもおつきあいのある関係諸氏や、坂井ファンの方々が送ってくださるものがほとんどで、私が拝読するのは、出版からすでに数年たってからということも、少なくありません。

それでもいつも感じるのは、どの文章の中でも父が実に生き生きと描かれていることです。その多くは、「坂井三郎」を忘れたくない、忘れさせたくない著者の情熱と興奮が反映されていて、娘の私は、本当に嬉しく感じます。

しかし、最近、本書の執筆を機会に、私自身の研究のためにも、そのいくつかを読ませていただくと、父に関して、過去に公に論じられていなかったことも、活字になっているのに気づきました。そして私は、「やっと面白くなってきたわね、お父さま」と心の中で思ったものです。

近年拝読した数冊に、私の興味は引かれます。百田尚樹氏の『永遠の0』(講談社文庫)では、零戦搭乗員が描かれた場面で登場する父に、かなりのページを割いていただいております。田中光二氏の『大空戦』(有楽出版社)は、実話をもとに描かれた戦記小説として、仮名で登場する父以外は、背景も人物も実名で、全編がほぼ父の著書からの引用という作品です。

前者に関しては、「既存の書物の継ぎはぎ」との批判を耳にしましたが、参考とされている文献は、実録か否かにかかわらず極めて真摯な作品ばかりです。誠実な興味を持たれた著者が深く研究調査を重ね、史実を曲げないように配慮された上で、独自の創造力と才能を生かし、一つの文芸作品に仕上げられたことは高い評価に値すると、私は思います。後者にしても、出版元を通して、著者ご自身から、「盗作との非難を覚悟で、それでも再び坂井三郎を語りたい、語り継ぐ価値を読者に伝えたい」との声明文をいただきました。娘の私にさえ想像もつかない、零戦と坂井三郎ファンの絶えない興奮に圧倒され、その情熱にお応えして恥ずかしくない作品にしたいと思い、本書の執筆に努力いたしました。

さらにもう一冊、私が大いに興味をもって読ませていただいたのは、神立尚紀氏が平成二十二年に出版された『祖父たちの零戦』(講談社)です。全八章、四百ページから成る大作の第七章で、四十ページにわたって坂井三郎に関する調査研究分析が書かれているからです。

親族や長年の読者だった方々から意見を求められ、私は拝読いたしました。
彼らが幾分の憤慨と困惑を感じられた理由がすぐに分かりました。著者の神立氏は、有能な報道記者、写真家として、十五年に及ぶ綿密な取材で百四十人以上に取材された後、ともに海軍兵学校同期で零戦隊飛行隊長を務められた進藤三郎少佐と鈴木實中佐の戦時体験を主軸に、終戦後に民間人となられてからのご活躍から、晩年に至る私生活のかなりデリケートな詳細を書き上げられたのです。

全編、ご本人たちの声が聞こえてくるかのような巧みな語り口で、そして驚くべき数の参考文献から、著者の資料研究の努力のほどが文章の隅々に如実に表れています。神立氏の取材者としての客観的姿勢は全編を通して一貫したもので、各語り手の感情的な口述や、進藤少佐、鈴木中佐の意見や感情表現も、神立氏の私的趣向で脚色されたものではないと信じます。

そこで、第七章の坂井三郎分析のどこに、坂井ファンを動揺させる要素が含まれているかをふまえて読み返してみました。私にとっては、全て父から聞いていたことではありましたが、父の知られざる事実を暴露するかのような含みや、戦中の父を知る方の言葉で当時から批判のあった父の行動があえて指摘されています。そういう記述は、坂井三郎を「崇拝」されている後輩諸氏や熱狂的ファンには聞き捨てならないことに思えるかもしれません。
進藤少佐と鈴木中佐が、戦中に接した坂井三郎の印象と、『坂井三郎空戦記録』の著者としてのイメージがすぐに一致しなかったとおっしゃったことに関しても、私なりの解釈があります。お二人が、指揮官としてどれほど密接に父を観察されていたかは、私には知る由がありませんが、当時の父は一下士官に過ぎず、軍規律の作法にならって、士官の前では自重もしていたでしょう。もともと口数は少なく、やたらに暴言を吐く性格ではなかったので、むしろおとなしく見えていただろうと想像がつきます。

戦後、民間人となってから数多く出版された著書の中で語る父、そして公の場で発言する父は、戦後の民主主義に基づく弁論と表現の自由を大いに謳歌していました。戦時中は軍人としての階級差から感じてはいても、その多くを語れずにいた様々な事象を真っ向から批判し、関係した方々にも確かに挑戦的であったのは事実です。

特に、父の酷評の的となった元士官の方だけでなく、父と同様の下士官であった元零戦搭乗員でさえ、父の思想や発言を無礼とし、仲間内で噂したり、人を介して中傷をほのめかしたり、世間の風評であるかのごとく忠告したりするなど、父に対して嫌悪を露わにする向きもありました。

これらは、兵隊あがりの一下士官であった父に対する心無い上層部の嫌がらせや、高い評価を受けた者へのやっかみ、個人的な相性に惑わされた客観性の欠落といった、考えればいつの時代にも、どの組織にも見られる品格のない、利己的な人間の行動に過ぎないと私は考えます。空戦の最中には味方同士で意地の張り合いや嫌がらせなどしている場合ではないと、誰もが分かっているのに、着陸していったん足が地に着くと、味方同士で足を引っ張りあうのは、なんと皮肉で残念なことではありませんか。

坂井三郎が戦後五十五年を費やして、同胞の誤りを指摘したのは、それに秀でる自分を自賛し虚勢を張るためではありません。父は、自分の失態も含めて、太平洋戦争の敗戦までの日本が国家として犯した過ち、指導者たちが犯した過ち、国民的体質の中の弱点を指摘して、国民一人一人の自覚に訴えたのです。

封建制に馴らされて、死ねば忠臣といういわば極端な武士道の解釈が、日本社会に死を美化する情緒を奨励してしまい、それを概念として許容するだけでなく、むしろその思想に酔ってしまった指導者たちが、「生きて虜囚の辱めを受けず」などと、「戦争、すなわち死」という観念を、国民の一般認識に強いてしまったのです。

無謀な戦争を始めてしまった日本が惨敗したといっても、日本が戦ったことによって、アジアの大域が白人支配から解放され、その日本も、少なくとも独立を維持できた成果を認識しなければ、命を捧げた方々に申し訳ないと、軍人としての父は思っていました。

敗戦後の動乱を切り抜けた後の日本に生まれた私は、その厳しい苦境の時代を知りません。

あれだけの実体験をした父についても、著書を読んで知ったことも多く、家族の食卓で戦争の話ばかり聞いていたわけではありません。父の人格の全てが戦時中に形成されたのではなく、過去の手柄話を披露するために、著書を残したのではありません。この国の再建を真に願った父は、戦後の民間人としての生活の中で、さらなる人間性の開花を果たしたと私は分析しています。

アメリカ滞在中に日本人としての見解を求められた時、父は、零戦パイロットとして国際的に高い評価をしてくれたアメリカに対しての感謝の言葉を当然述べました。しかし、列機を失わず、多くの撃墜を果たしたことを称えられると、列機が護っていてくれたからこその、われわれの戦果だったと必ず答えていたのを思い出します。そして父の言葉の端々に、父がどれほど祖国日本を思っているかを感じたものです。

野生動物のように持って生まれた本能を失わず、子どものように闊達でありながら、世界中どこに出ても堂々とした品格ある紳士であった父。そして、口癖の「死ぬまで元気」を身をもって見せてくれた父。本書は、私と父の思い出話に過ぎませんが、日常の生活の中で、様々な創意工夫をして、毎日をより良く生きようとした坂井三郎の、情熱と気迫が、読者の皆様に少しでも伝わったでしょうか。

「運命だからと初めから諦めちゃいけない。運命とは命を運ぶと書く。自分の命を自分で運んで、自分の道を開くしかない。『道子の道は、わが道をゆく、の道だ』。せっかく生まれたんだから、お前、人生楽しまなくっちゃ」

坂井三郎は自分のことを、死に損ないなどとは決して思っていませんでした。戦後を真剣に生きることが、若くして亡くなられた戦友に報いることだと信じていました。だから、私にも魂を込めて「生きること」を教えてくれたのだと思います。

本書は、多くの方々のお力添えにより出版することができました。皆様方のご支援、ご指導、ご厚情に心より感謝いたします。零の会会員の皆様、加藤ひろゆきさん、佐藤大輔さん、神山典士さん、世良光弘さん、茂木みゆきさん、近藤俊子さん、松下喜代子さん。テレンス・B・スマート、坂井襄、坂井俊子、ジョン・パトリック・アンダーソン、ジャニス・タカダ(以上敬称略)。

For my children, Max and Mayako Sakai Smart.
Especially for my granddaughter, Mizue Ondine J.
They are the direct descendants of Saburo Sakai.

坂井スマート道子

文庫版のあとがき

この度、光人社NF文庫に拙著刊行の機会をいただき、大変光栄に存じます。

初版（平成二十四年、産経新聞出版）上梓後に読者からいただいた感想の中で、特に心に残ったのは「自分は父親として真剣に子供に接していなかったと反省しました」「自分の娘は、本を一冊残せるほどに自分の事を覚えていてくれるだろうか」といった、若いお父様たちのお言葉でした。

わたくしにしても、子供たちが、わたくし亡き後、親子の思い出を本に書いてくれるとは期待していませんが、唯一つ、わたくしが真剣に彼らに接してきたことは覚えているはずと確信しています。全てわたくしに同意するよう強いることはしませんでしたが、面倒くさい煙ったい母親でも無視することは許さなかったからです。わたくしがなぜ違う考え方をするのか、またある時は、わたくしの失態や失敗も打ち明けて、どう対処したかを話しました。

そして子供たちには、自分の為に、自分自身で考えられる人になって欲しいと願ってきました。父がそうだったのです。

ＮＨＫの番組で、京都の清水寺の舞台を支える大柱となる欅を、代々育てておられる御一族のことを知りました。清水寺創立以来、この御一族が「御家の使命」として、寺の所有地の森林管理を続けてこられました。大柱になる木は全て樹齢二百年以上のもので、大柱の立て直しは百年に一度程の間隔で行われるそうですから、丹精込めて木々を守り育ててきた方々のほとんどは、自分が育んだ欅が実際に大柱になって立ち上がるのを見ることはありません。御子孫に日々の仕事が受け継がれるのです。

成人前の息子さんがお父様を助け働き始められました。先代と自分が生涯かけて育てた欅が、孫、ひ孫の代で大柱となって必ず立つのを信じている、曇りのない目が美しい青年でした。

決して見ることができない結果でも、その成就の為にかける情熱に迷いが微塵も無い、なんて潔いのでしょうと感激している最中に、ふっと父を思ったのです。

ゴルフが大好きだった父に、実際見えない穴に球を入れようと試みること自体、わたくしには困難だと言うと、「お前は目的と結果を混同している」と指摘されました。「ゴルフの唯一の目的は球を打って穴に入れること。二百ヤード先の穴は誰にも見えないが、旗の下に穴はあるんだよ。信じて狙うしかないだろう。入るかどうか結果はその後。目的にかけるのが肝心」と毎回言われたのを思い出します。「欅の御一族の使命感」には比較にならない例で恐縮ですが、見えない結果に心奪われ、目的を見失って、努力を怠ってはならぬという父の

「極意」だったと解釈しています。

親として子供たちに自分の全てを伝えたつもりでも、効果的に伝わったかどうかの確認はなかなか実感できないものですが、目的を定め手段を選び、行動に出る時は、自分を信じて目的達成に懸ける、その意志は伝わるような気がします。子供のために費やした時間とエネルギーは決して無駄ではありません。遊ぶ時も真剣に、情熱をもってご自分を伝えることが目的です。結果は、「親は十分に子供を楽しんだことを覚えていられる、そして子供は親の笑顔を覚えている」思い出の中に、いつの日か必ず現れ、貴重な意味をもたらすのです。

皆様のお幸せをお祈りしております。

For my granddaughters, Mizue Ondine and Brooklyn Ileana.
They are the direct descendants of Saburo Sakai.
Special thanks to Sean Patrick Anderson and his children
for their constant friendship.

令和元年七月　真夏一層元気だった父を想いながら

坂井スマート道子

単行本　平成二十四年八月　産経新聞出版刊

NF文庫

父、坂井三郎

二〇一九年八月二十三日 第一刷発行
著 者 坂井スマート道子
発行者 皆川豪志
発行所 株式会社 潮書房光人新社
〒100-8077 東京都千代田区大手町一-七-二
電話／〇三-六二八一-九八九一(代)
印刷・製本 凸版印刷株式会社
定価はカバーに表示してあります
乱丁・落丁のものはお取りかえ致します。本文は中性紙を使用

ISBN978-4-7698-3131-0 C0195

http://www.kojinsha.co.jp

NF文庫

刊行のことば

第二次世界大戦の戦火が熄んで五〇年——その間、小社は夥しい数の戦争の記録を渉猟し、発掘し、常に公正なる立場を貫いて書誌とし、大方の絶讃を博して今日に及ぶが、その源は、散華された世代への熱き思い入れであり、同時に、その記録を誌して平和の礎とし、後世に伝えんとするにある。

小社の出版物は、戦記、伝記、文学、エッセイ、写真集、その他、すでに一、〇〇〇点を越え、加えて戦後五〇年になんなんとするを契機として、「光人社NF（ノンフィクション）文庫」を創刊して、読者諸賢の熱烈要望におこたえする次第である。人生のバイブルとして、心弱きときの活性の糧として、散華の世代からの感動の肉声に、あなたもぜひ、耳を傾けて下さい。

＊潮書房光人新社が贈る勇気と感動を伝える人生のバイブル＊

NF文庫

艦攻艦爆隊　雷撃機と急降下爆撃機の切実なる戦場

肥田真幸ほか

九七艦攻、天山、流星、九九艦爆、彗星……技術開発に献身、また鉄壁の防空網をかいくぐり生還を果たした当事者たちの手記。

キスカ撤退の指揮官　太平洋戦史に残る作戦を率いた提督木村昌福の生涯

将口泰浩

昭和十八年七月、米軍が包囲するキスカ島から友軍五二〇〇名を救出した指揮官木村昌福提督の手腕と人柄を今日的視点で描く。

飛行機にまつわる11の意外な事実

飯山幸伸

小説よりおもしろい！　零戦とそっくりな米戦闘機、中国空軍の日本本土初空襲など、航空史をほじくり出して詳解する異色作。

軽巡二十五隻　駆逐艦群の先頭に立った戦隊旗艦の奮戦と全貌

原為一ほか

日本軽巡の先駆け、天龍型から連合艦隊旗艦を務めた大淀を生むに至るまで。日本ライト・クルーザーの性能変遷と戦場の記録。

陸自会計隊、本日も奮戦中！

シロハト桜

いよいよ部隊配属となったひよっこ自衛官に襲い掛かる試練の数々。新人WACに春は来るのか？『新人女性自衛官物語』続編。

急降下！　突進する海軍爆撃機

渡辺洋二

爆撃法の中で、最も効率は高いが、搭乗員の肉体的負担と被弾の危険度が高い急降下爆撃。熾烈な戦いに身を投じた人々を描く。